Karl Fischer

Biblische Psychologie, Biologie und Pädagogik

als die Grundlagen christlicher Erziehung und Selbstzucht

Karl Fischer

Biblische Psychologie, Biologie und Pädagogik
als die Grundlagen christlicher Erziehung und Selbstzucht

ISBN/EAN: 9783743441361

Hergestellt in Europa, USA, Kanada, Australien, Japan

Cover: Foto ©Lupo / pixelio.de

Weitere Bücher finden Sie auf **www.hansebooks.com**

Biblische Psychologie, Biologie und Pädagogik

als die Grundlagen

christlicher Erziehung und Selbstzucht.

Dargestellt von

Professor Dr. Karl Fischer,
königl. preuß. Gymnasialdirektor.

Gotha.
Friedrich Andreas Perthes.
1889.

Alle Rechte vorbehalten.

Vorwort.

Da das Objekt der Erziehung der Mensch — in einer bestimmten Zeit seiner Unmündigkeit — ist, so hat die Erziehung zuerst die Frage erhoben, was ist das Wesen des Menschen? Die Philosophie hat versucht, diese Frage zu beantworten; die Geschichte der Philosophie zeigt, wie verschieden zu verschiedenen Zeiten diese Antwort ausgefallen ist; diese Geschichte beweist aber auch, daß die Philosophie mit Begriffen arbeitet und von Voraussetzungen ausgeht, die willkürlich gefaßt und zeitgeschichtlich bedingt sind. Indem sie voraussetzt, daß es eine menschliche Normalvernunft gebe, arbeitet sie mit dieser vermeintlichen Kraft und zieht Folgerungen aus ihr, welche mit der Wirklichkeit häufig sehr wenig gemein haben. Alle philosophischen Systeme können also nur als der Wirklichkeit entsprechend in Geltung stehen, so lange ihre mehr oder minder willkürlich gewählten Grundlagen auf guten Glauben angenommen werden. Dieser gute Glaube reicht selten über ein Menschenalter hinaus. Denn da es keine angeborene Vernunft, sondern nur eine Vernunftanlage giebt — diese Thatsache ist naturwissenschaftlich unanfechtbar bewiesen — so ist auch die Vernunft, mit der die Philosophen arbeiten, geschichtlich bedingt; daraus folgt, daß auch die Folgerungen geschichtlich bedingt sind. Sobald also die geschichtlichen Bedingungen sich verändern, ändert sich auch der Vernunftbegriff, und die Glaubwürdigkeit der philosophischen Systeme wird hinfällig. Ebenso verhält es sich mit Sprache, Religion und Sittlichkeit. Es giebt keine angeborene Sprache, sondern nur eine Anlage dazu, wie die Thatsache verwilderter — außerhalb menschlicher Gemeinschaft und Erziehung aufgewachsener — Menschen beweist. Auch die Religion ist kein Bestandteil des Wesens des Menschen, denn es giebt Menschen ohne Religion; es giebt eben auch nur eine Anlage zur Religion; wird diese Anlage nicht gepflegt, so geht sie aus. Es giebt keine angeborene Sittlichkeit, sondern nur eine Anlage dazu; es giebt kein Sittengesetz, sondern nur einen geschichtlich bedingten Komplex sittlicher Begriffe, Anschauungen und Gewohnheiten, wie die Geschichte der Sitten und der Ethik unwiderleglich darthut.

Man hat es indes auch auf dem Wege der **empirischen Psychologie** — vgl. den Anhang zum ersten Abschnitt — versucht, das Wesen der menschlichen Seele zu bestimmen. Hierbei hat man es noch nicht einmal zu allgemein anerkannten Grundlagen gebracht, und was man von Einzelheiten glaubt festgestellt zu haben, ist für den Erzieher vielfach zwar von Interesse, häufig aber ohne praktische Bedeutung; da gerade an den Punkten jede Klarheit fehlt, wo sie der Erzieher zuerst suchen muß [1]).

---

1) Man vgl. nur Schillers Handbuch der Päd., S. 79 ff.

Da aber der Erziehungszweck bestimmt ist durch das Wesen des Erziehungsobjektes, so muß aus dem vorhergehenden gefolgert werden, daß mit der Unklarheit über das Wesen die Unklarheit über die Erziehungszwecke und -Ziele untrennbar verbunden ist; daß mit der geschichtlichen Wandlung der Lehren über das Wesen des Menschen auch die Wandlung der Lehren über die Zwecke und Ziele der Erziehung verknüpft ist. Daß auch die Lehren über die letzteren, die sogenannten Bildungs= und Erziehungsideale zeitgeschichtlich bedingt und fortwährend in Schwankungen begriffen sind, beweist die Geschichte der Pädagogik von Sokrates bis Herbart.

Mit der menschlichen Weisheit sind wir somit auch in diesem Falle zu Ende. Wenn uns kein Hochmut abhält, an die göttliche Weisheit zu appellieren, so wird jene Wahrheit für uns nichts Beängstigendes haben. Allein der menschliche Wissensdünkel hat auch diesem Appell bemerkenswerte Schwierigkeiten entgegengestellt. Indem er von seinem gemachten Vernunftbegriffe ausging, konstruierte er sich göttliche Wesen, die an Mannigfaltigkeit der olympischen Götterwelt wenig nachgeben. Die Geschichte der Religionswissenschaft, auch der christlichen, bringt dafür ebenso zahlreiche wie beschämende Beweise. Wenn das Kind den Mann weisen will, so erscheint dies immer noch berechtigter, als wenn das Geschöpf den Schöpfer meistern will. Wenn ein Mann dem anderen seine Ansicht über dessen Wesen, Natur und Eigenart aufdrängen will, so widersetzt sich der letztere mit dem Bemerken, er müsse selbst besser wissen, was er sei und was er wolle, wie jener. Wenn bi:s unter Menschen meist Anerkennung findet, so glaubten die Menschen doch Gott gegenüber ein anderes Maß anwenden zu dürfen. Wer von Gott etwas Richtiges erfahren will, muß eben bei ihm selbst anfragen, wer er sei und was er wolle. Er braucht aber weder lange zu fragen, noch lange suchend umherzuirren, die klare, bündige Antwort Gottes mit Regeln und Beispielen liegt uns längst in der Offenbarung, in der heiligen Schrift vor.

Aus ihr habe ich mir denn jene Antworten zu holen gesucht, die allein dem Erzieher Aufschluß geben über das Wesen des Menschen, über die Lebens- und Erziehungsbedingungen, über Zweck, Ziele, Mittel und Kräfte der Erziehung. Denn auch darin unterscheidet sich das Christentum von allen anderen Religionen, daß es nicht bloß ein höchstes Gut zeigt, Zwecke und Ziele aufstellt, Mittel reicht, sondern in sich auch Kräfte birgt, welche zur Aneignung bezw. Erreichung jener allen denen helfen, welche sie im lebendigen Glauben ergreifen.

Es ist allgemein anerkannt, daß die Platonische Lehre nur aus den Schriften des Plato, die Aristotelische nur aus den Schriften des Aristoteles, die Kantische nur aus denen Kants geschöpft werden kann; es wird also keines Beweises bedürfen, daß die christliche Lehre nur aus den christlichen Schriften, der heiligen Schrift geschöpft werden kann. Aber wie lange hat es auch in der Theologie gedauert, bis man eingesehen hat[1]), daß

---

1) Hier gebührt J. T. Beck das größte Verdienst in seinen zahlreichen

die bodenlose Idealphilosophie und der marklose Spiritualismus kraftlos zu Boden liegen. Der Realismus pocht mit eherner Hand auch an die Pforten der christlichen Religionswissenschaft; man darf hoffen, daß er den **biblischen Realismus herauspochen** wird.

Mit diesem biblischen Realismus ist hier ein Versuch gemacht worden, dessen Mängel man der Sache nicht zur Last legen möge.

Im ersten Abschnitt ist versucht worden, die biblische Lehre über das Wesen des Menschen zusammenzustellen; im zweiten Abschnitt werden hauptsächlich die Lebensbedingungen erörtert, unter welchen auch das religiöse, christliche Leben bestehen, sich entwickeln und erstarken kann. Es ist nach der Analogie der Naturwissenschaften Biologie, Lehre vom Leben genannt worden [1]). Diese Bezeichnung ist, soweit ich sehe, zuerst 1801 von Lamarck in wissenschaftlicher Bedeutung gebraucht worden; die Entwickelung der Physiologie, die Forschungen Darwins, Spencers ꝛc. haben dieser Wissenschaft einen ungeahnten Aufschwung gegeben; sie zuerst auf die heilige Schrift angewandt zu haben ist Drummonds Verdienst [2]).

Arbeiten, besonders der Ethik und Dogmatik; vgl. auch Pirscher, Die Quellen unserer Kraft, Gotha, F. A. Perthes, 1888.
  1) Vgl. m. Aufsatz N. Jahrb. für Phil. u. Päd. II., 1888, Heft 3 ff.
  2) Drummont, Das Naturgesetz in der Geisteswelt, Leipzig 1886. Sehr verdienstlich ist auch die Arbeit Macmillans, Zwei Welten sind unser; übersetzt von K. Schütz, Gotha, F. A. Perthes, 1888.

Von theologischer Seite die entsprechenden Grundlagen gelegt zu haben, ist das Verdienst J. T. Beck's [1]).

Namentlich die Arbeit von Drummond enthält ein sehr schätzenswertes Beleuchtungsmaterial, was ich aus Claus' Zoologie, Huxley u. a. noch zu mehren mich bestrebt habe. Es bedarf deshalb meinerseits wohl nicht der Versicherung, daß ich die natürliche Biologie nicht als Beweis für die biblische Biologie verwende, sondern als ein vortreffliches Beleuchtungsmaterial. In jenem Falle würden die christlichen Wahrheiten in ihrem Bestand von dem Stand menschlichen Wissens abhängen, was kein Christ zugestehen kann. So ist es z. B. möglich, daß die Lehre von der Lebensverleihung, Biogenesis, wieder in Frage gestellt wird; wie denn bei den neuesten Tiefseeforschungen aus dem Meerschlamm ein so einfacher Organismus (Bathybius Haeckelii) zutage gekommen ist, daß jene Lehre wieder einen Stoß erlitten hat. Mit der Lehre von der Biogenesis würde aber nimmermehr die von der Wiedergeburt fallen; die letztere müßte nur dieser Art von besonderer Beleuchtung durch natürliche Analogie entbehren.

Im dritten Abschnitt werden Zweck, Ziele, Mittel, Methode und Kräfte der biblischen Pädagogik kurz zusammengestellt und in wichtigeren Punkten etwas weiter ausgeführt.

Im vierten Abschnitt werden dann einige Folgerungen ge-

---

1) Vgl. insbesondere seine Vorlesungen über Ethik, Gütersloh 1882f und die Vorlesungen über Dogmatik, das. 1886f.

zogen und Anwendungen gemacht. Es fehlt viel, daß diese mit einiger Vollständigkeit gemacht wären; es handelt sich vielmehr auch hier nur um einen Anfang, einen Entwurf, dessen Mängel ich, wie gesagt, nicht der Sache zur Last gelegt sehen möchte.

Die Stellen des Alten Testamentes sind durchweg nach der „Parallelbibel" gegeben, die des Neuen Testamentes meist nach Luther; an Stellen, wo es mir nötig erschien, habe ich selbst eine Verdeutschung versucht.

Dillenburg, im Oktober 1888.

Der Verfasser.

Inhaltsverzeichnis.

	Seite.
Vorwort	III

I. Die biblische Psychologie.

1. Voraussetzungen	3
2. Die Erschaffung des Menschen und der Sündenfall	5
3. Der Mensch nach dem Sündenfall	12
a) Seele, Leib und Fleisch	12
b) Der Geist	16
c) Das Herz	20
4. Die Wiedergeburt des Menschen	24
Anhang: Die Psychologie in der neueren Philosophie	28

II. Die biblische Biologie.

1. Voraussetzungen	35
2. Kontinuität und Lebensverleihung	37
3. Das Wachstum	44
4. Die Entartung	48
5. Die Umgebung	52
6. Das Typusleben	56
7. Absterben	61
8. Der Parasitismus	67

III. Die biblische Pädagogik.

1. Voraussetzungen	73

		Seite.
2. Der Zweck und die Ziele der Erziehung	. . . .	74
3. Methode, Mittel und Kräfte	. . . .	90

IV. Rückblicke und Folgerungen.

1. Vorbemerkungen	. . . .	99
2. Die Erziehung des natürlichen Menschen zur Wiedergeburt	. . .	101
3. Die Erziehung nach der Wiedergeburt	. . . .	117

I.
Die biblische Psychologie.

7

1. Voraussetzungen.

Die erste Voraussetzung, unter welcher die Darstellung einer biblischen Psychologie oder Seelenlehre unternommen werden kann, ist die in allen wesentlichen Punkten vorhandene Einheit der Heiligen Schrift, wie sie schon Luther behauptet hat. Man muß auch darin Luther beistimmen, daß er zwar die Schrift als eine heilige verehrte, aber weit entfernt war, die Gleichwertigkeit aller ihrer Teile zu behaupten. Die Schrift ist ein Organismus, welcher die Entwickelung der religiösen Wahrheit darstellt. Es ist nur folgerichtig, wenn Beck auch diesem Organismus Leib, Seele und Geist zusprach. „Als [1]) ihren Leib betrachtete er ihre menschliche Äußerlichkeit, ihre Sprache, ihre Geschichte; als ihre Seele die psychologischen Eigentümlichkeiten der menschlichen Individuen, die Vorstellungen, Empfindungen und Anschauungen der Verfasser und handelnden Personen; als ihren Geist das die heiligen Schriftsteller beherrschende Prinzip, das Menschliche göttlich zu vergeistigen."

Die zweite Voraussetzung für die biblische Behandlung der Psychologie ist die, daß die Heilige Schrift ausreichendes psychologisches Material bietet. Daß diese Voraussetzung ebenfalls gegeben ist, beweist die Geschichte der biblischen Psychologie, die be-

---

1) J. T. Beck, Ein Lebensbild von Riggenbach. Basel 1888. S. 193.

reits im zweiten Jahrhundert unserer Zeitrechnung anhebt ¹). Unbestreitbar freilich wird es bleiben, daß Beck der erste ist, welcher diesen Zweig der theologischen Wissenschaft zuerst wissenschaftlich begründet und gestaltet hat, nachdem M. Roos ein Jahrhundert vorher umfassendes Quellenmaterial zusammengestellt hatte.

---

1) Vgl. Franz Delitzsch, System der biblischen Psychologie, 2. Aufl 1861. S. 3 ff.

2. Die Erschaffung des Menschen und der Sündenfall.

Nach dem, wie es scheint, ältesten biblischen Schöpfungsbericht, dem sogenannten Elohisten, wurden die Menschen nach den übrigen Lebewesen (Seelen) durch einen besonderen Schöpfungsakt Gottes geschaffen. „Und Gott sprach", heißt es 1 Mos. 1, 26 ff.[1]), „laßt uns Menschen (hebr. Adam) machen in unserem Bilde als unser Gleichnis und sie sollen herrschen über die Fische des Meeres und über das Gevögel der Himmel ꝛc." Und Gott schuf den Menschen in seinem Bilde, in dem Bilde Gottes schuf er ihn, männlich und weiblich schuf er sie. Und Gott segnete sie und Gott sprach zu ihnen: „Seid fruchtbar und mehret euch und füllet die Erde und macht sie euch unterthan und herrschet über die Fische des Meeres! ꝛc." Und Gott sprach: „Siehe ich gebe euch alles Kraut, das Samen säet, welches ist auf der Oberfläche der ganzen Erde, und alle Bäume, auf welchen Baumfrucht ist, die Samen säet — euch sei es zur Speise". Der andere, wie es scheint, jüngere Bericht, der sogen. Jehovist, berichtet sodann im 2. Kap., V. 4 ff.: „Zur Zeit, da Jehova Gott Erde und Himmel machte, — da bildete er den Menschen — hebr. Adam — aus Staub von dem Erdboden — hebr. Adamâ —, und blies in seine Nase Odem des Lebens, und es wurde der Mensch zu einem Lebewesen (Siele)".

---

1) Vgl. Parellelbibel, Gütersloh 1887 f.

Und Jehova Gott pflanzte einen Garten in Eden gegen Morgen und setzte darein den Menschen, den er gebildet hatte. Und Jehova Gott ließ aus dem Erdboden aufwachsen allerlei Bäume, lieblich zum Ansehen und gut zur Speise, und den Baum des Lebens mitten im Garten und den Baum der Erkenntnis von gut und böse. — Und Jehova Gott nahm den Menschen und ließ ihn nieder in den Eden=Garten, ihn zu bebauen und ihn zu behüten. Und Jehova Gott gebot dem Menschen und sprach: „Von allen Bäumen des Gartens darfst du allerdings essen, aber von dem Baum der Erkenntnis von gut und böse, davon sollst du nicht essen; denn an dem Tage deines Essens davon wirst du gewißlich sterben. — Und Jehova Gott ließ einen tiefen Schlaf auf den Menschen fallen und er schlief ein, und er nahm eine von seinen Rippen und schloß Fleisch an ihre Stelle. Und Jehova Gott baute die Rippe, welche er von dem Menschen genommen hatte, zu einem Weibe und führte sie zu dem Menschen. Und der Mensch sprach: „Dies ist nun Bein von meinen Gebeinen und Fleisch von meinem Fleisch; diese wird Männin genannt werden, denn von dem Manne ist sie genommen. Darum verläßt ein Mann seinen Vater und seine Mutter und hängt seinem Weibe an, und sie werden zu Einem Fleisch. Und sie waren beide nackt, der Mensch und sein Weib, und schämten sich nicht (vor einander)". Im 5. Kapitel, wo die Geschlechtstafel Adams verzeichnet ist, heißt es im Anfang: „Am Tage da Gott Menschen schuf, machte er sie in dem Bilde Gottes. Mann und Weib schuf er sie und segnete sie und nannte ihren Namen Mensch, hebr. Adam, am Tage da sie geschaffen wurden". Auch im 9. Kapitel, V. 6 wird noch einmal besonders hervorgehoben: „im Bilde Gottes hat er den Menschen gemacht". Das also, worin alle Berichte übereinstimmen, ist die Gottesbildlichkeit, und zwar gab Gott ihm nicht bloß von seinem Geist, es ist also nicht bloß von geistiger Ebenbildlichkeit die Rede, sondern auch, wie der Wortlaut zeigt, von physischer. Die Gottesbildlichkeit bezeugt auch der Psalmist 8, 6: „Du hast ihn ja nur wenig geringer gemacht als Gott", und Jakobus 3, 9 nennt die Menschen „nach dem Bilde Gottes gemacht".

Nach diesen Berichten besteht nun der Mensch aus dem Erdenleib, oder Fleisch und Gebein, dem von Gott eingehauchten Geist und der Seele. Aus dem oben angeführten Wortlaut 1 Mos. 2, 7 folgt, daß der Mensch erst durch Gottesgeist-Verleihung ein Lebewesen, eine Seele wurde; die Seele hat also für sich erst Leben durch Geistesverleihung. Da aber auch den Tieren von der Schrift Seele, hebr. näphäsch, zugeschrieben wird, so könnte man die seelische Gleichheit von Menschen und Tieren vermuten. Dies würde ein Irrtum sein. Wie der Leib des Menschen durch einen besonderen Schöpfungsakt Gottes gebildet ist, der des Tieres aber nicht, so ist zwar die tierische Seele auch eine Erscheinung des schöpferischen Gottesgeistes, aber sie ist nicht wie die menschliche Seele die Erscheinung des dem Menschen unmittelbar durch Gott selbst eingehauchten Geistes. Daß aber der Geist nicht in der Seele aufgegangen, beweisen nicht wenige Stellen der Schrift, z. B. Jes. 26, 9: „Mit meiner Seele verlange ich nach dir bei Nacht, ja mein Geist in meinem Innern sucht dich", und der Psalmist bittet 51, 12: „Und einen festen Geist erneuere in meinem Innern". Der Apostel schreibt 1 Thess. 5, 23: „Und euer Geist ganz samt Seele und Leib müsse unsträflich behalten werden 2c." Auch andere Stellen [1]) beweisen ohne Frage die Selbständigkeit des Geistes und der Seele nebeneinander. Man wird demnach nicht fehlgehen, wenn man die Seele als Trägerin und Vermittlerin des Lebens ansieht, welches vom Geiste ausgeht; deshalb sagt Tertullian: „Die Seele ist der Leib des Geistes, und das Fleisch ist der Leib der Seele". Delitzsch drückt dies so aus, daß er den Geist den Einhauch der Gottheit, die Seele den Aushauch des Geistes nennt. Er sagt: „Der Geist ist das Innere der Seele und die Seele ist das Äußere des Geistes. Der Wesensbestand des Menschen be-

---

[1]) Z. B. 1 Mos. 49, 6. Pf. 7, 6; 16, 9; 30, 13. Hebr. 4, 12. Tit. 3, 5.

stand also aus drei konzentrischen Kreisen. Der innerste war sein Geist, der innere seine Seele und der äußere sein Leib. Mit seinem Geiste lebte und webte der Mensch in Gottes Liebe; der Leib stand mittelst der Seele unter der Potenz dieses Liebeslichts und war von da aus seiner Verklärung gewärtig".

Wenn der Mensch nun mit dem Tiere einen Erdenleib und eine Seele gemeinsam hat, so hat er vor letzterem voraus eine von Gott unmittelbar begeistete Seele, sowie die Gottesbildlichkeit und das Herz, welches die Schrift nie Tieren beilegt. Es ist nur eine Folge dieser schon durch und bei der Schöpfung dem Menschen von Gott verliehenen Besonderung, daß Gott ihm nicht bloß die Herrschaft über die Erde und was darauf ist übergiebt — als Folge seiner Gottesbildlichkeit — sondern ihn auch segnet, also mit all' dem beglückt, was dem Menschen zu seinem Heil verliehen werden kann. So haben wir uns den Menschen vor dem Sündenfall zu denken als ein irdisches Ebenbild Gottes nach Leib und Seele, durchwaltet und erleuchtet von dem ihm verliehenen Gottesgeiste; mit sich, mit der Natur, mit Gott in Einheit und Frieden; umstrahlt vom Glanze Gottes, „mit Herrlichkeit und Pracht gekrönt" (Pf. 8, 6), der Herrscher über die Natur, die er nach Gottes Willen nach Gefallen genießt. So hatte ihn Gott teilnehmen lassen an seinem eigenen Wesen: an seinem Geist, seinem Licht, seiner Liebe; nur sollte er sich dieser Liebeserweise bewußt bleiben, er sollte gedenken, daß er ein Geschöpf des Herrn war; vom Baum der Erkenntnis sollte er nicht essen, oder des Todes sterben. „Und die Schlange", erzählt der Jehovist Kapitel 3 weiter, „war listiger als alle Tiere des Feldes, die Jehova Gott gemacht hatte; und sie sprach zu dem Weibe: hat Gott wirklich gesagt: Ihr sollt von keinem Baum des Gartens essen? Und das Weib sprach zu der Schlange: Von der Frucht der Bäume des Gartens dürfen wir essen; aber von der Frucht des Baumes, der in der Mitte des Gartens ist, hat Gott gesagt, sollt ihr nicht essen und ihn nicht berühren, damit ihr nicht sterbet. Und die Schlange sprach zu dem Weibe: Keineswegs sterben werdet ihr, denn Gott weiß, daß, wenn ihr davon esset, da werden eure Augen aufgethan, und ihr werdet sein wie Gott, erkennend Gutes und Böses. Und das Weib sah, daß der Baum gut war zum Essen, und daß derselbe eine Lust war für die Augen und der Baum begehrenswert, um klug zu machen; und sie nahm von seiner Frucht und aß, und sie gab auch ihrem Mann bei ihr und er aß".

Weshalb sich der Verführer an das Weib wendet und nicht an den Mann, ist nicht ausdrücklich gesagt, offenbar jedoch, weil dies der Verführer für zweckmäßiger hält; weil er der Meinung ist, das Weib sei der Verführung zugänglicher als der Mann; dies erscheint um so glaublicher, als nach diesem Berichterstatter das Weib aus dem Manne, dem Gottesbilde stammt, selbst also nicht unmittelbar gottesbildlich ist. Der Verführer durfte einerseits annehmen, daß er bei dem Weibe weniger Widerstandskraft finden, anderseits daß der Mann weit sicherer der Versuchung des Weibes, die gleichsam ein Stück von ihm war, erliegen würde als der satanischen.

Es ist nun vor allem beachtenswert, daß der Verführer sich nicht ausdrücklich oder in erster Linie an die Augen- und Sinnenlust des Weibes wendet, sondern an dessen eigenwilligen Hochmut, der Gott gleich werden will. Ihm gegenüber darf der Verführer es wagen, den Schöpfer aller Güte, den Vater der Liebe und Gnade, den Gott aller Wahrheit und alles Segens als einen unwahren, kleinlichen Eifersüchtler hinzustellen, den zu hintergehen ebenso leicht als ratsam sei. Der Sündenfall geschah; die Menschen waren aus dem Machtbereich des Geistes, der Liebe, der Wahrheit aus eigenem Entschluß, in ihrem Hochmut, in ihrer Undankbarkeit und in ihrem Ungehorsam herausgetreten; sie hatten werden wollen wie Gott, sie wurden zu Verrätern an ihm und sich, sie entzogen sich selbst der Lebensmacht des Geistes und überlieferten sich der Todesmacht der Sünde.

Und was geschah nun nach dem Sündenfall? Sobald sie gegessen hatten, „wurden ihrer beider Augen aufgethan und sie erkannten, daß ſie nackt waren und hefteten Laub vom Feigenbaum zuſammen und machten ſich Schürzen". Ihre erſte Empfindung alſo nach dem Fall war Scham. Solange ſie in der Einheit mit Gott und der Natur, im Bereich des Gottesgeiſtes gelebt hatten, waren ſie ſich weder eines Übels bewußt, noch hatte ihnen der Sinnenreiz die Schamröte ins Geſicht treiben können. Sie genoſſen den Anblick ihrer nackten Körper, wie den der ganzen Natur, in reiner Freude, ſie lebten wie unſchuldige Kinder ohne Bewußtſein von Geſchlechtsunterſchied.

Wie die Scham als die erſte Regung des Gewiſſens erſcheint, ſo als die zweite die Furcht; denn als Gottes Stimme im Garten laut wurde, „verſteckte ſich der Menſch und ſein Weib vor dem Angeſicht Jehova Gottes inmitten der Bäume des Gartens". Sogleich bei der nun folgenden Verhandlung Gottes mit dem Menſchen zeigt ſich ſchon die Miſchung von Scham und Furcht; es beginnt ſchon da der unſelige Zuſtand der inneren Verwirrung und Unruhe, des Unfriedens, der auf der Menſchheit ſeit dem Falle laſten geblieben iſt.

Nun folgt die Verfluchung und die Austreibung aus dem Garten und darauf die Vertilgung durch die große Flut, denn Gott ſah, „daß groß war die Bosheit des Menſchen auf der Erde und alles Gebilde der Gedanken ſeines Herzens nur böſe allezeit". (Kapitel 6, 5.)

Zweimal (1 Moſ. 2, 17; 3, 3) war dem Menſchen geſagt worden, wenn er dem Gebot Gottes zuwider von dem Baum eſſe, daß er ſterben werde; und als Gott über Adam die Verfluchung ausſprach, ſagte er (Kapitel 3, 19): „Im Schweiße deines Angeſichts wirſt du Brot eſſen, bis du zurückkehrſt zu dem Erdboden, denn von ihm biſt du genommen; denn Staub biſt du und zu Staub wirſt du zurückkehren". Dem entſprechend lehrt Paulus Röm. 5, 12, daß wie die Sünde durch Einen Menſchen in die Welt gekommen iſt und der Tod durch die Sünde, ſo iſt auch der Tod zu allen Menſchen durchgedrungen, weil ſie alle geſündigt haben; und Kapitel 6, 23 nennt er den Tod den Sold der Sünde. „Tot waret ihr durch Übertretung und Sünden", ruft er den Ephesern zu 2, 1, 5. Und 1 Joh. 3, 5 heißt es: „Wer den Bruder nicht liebt, der bleibet im Tode", Christus nennt die Ungläubigen geradezu die Toten Math. 8, 22. Da der Mensch durch den Fall freiwillig sich der göttlichen Lebens= und Liebesmacht entzogen hatte, da seine Seele der Herrschaft des Gottesgeistes entfallen war, fehlte Leib und Seele die Belebungs= und Verklärungsmacht. Der Leib kam nicht zur Verklärung, sondern zur Verwesung; die Seele, der Macht des Geistes entrückt, fiel der Gewalt der sinnlichen Triebe anheim, der Geist, von seiner Lebensquelle getrennt, war in die Gefangenschaft der versinnlichten Seele gefallen. Aber das Bewußtsein seiner Zusammengehörigkeit mit Gott behielt der Mensch, und dies Bewußtsein zeigte sich nach dem Falle als Scham und Furcht, die Menschen empfanden in ihrem Gewissen, daß Gottes Gesetz in ihre Herzen geschrieben sei; es kamen die Gedanken, die einander verklagen oder entschuldigen Röm. 2, 15, aber selbst ihr Gewissen konnte befleckt und schwach werden, 1 Kor. 8, 7, 12.

3. Der Mensch nach dem Sündenfall.

a) Seele, Leib und Fleisch.

Wie bereits bemerkt, schreibt die Schrift Mensch und Tier Seele zu, insofern beide Lebewesen sind; in diesem Fall bedeutet Seele so viel wie animalisches Leben; die den Menschen von Gott gegebene Seele aber ist, wie bemerkt, von Jehova selbst eingehaucht und begeistet, sie stellt im Gegensatz zum Tier das Personenleben dar. Es wird deshalb die Bezeichnung Seele in der Schrift gebraucht, um Personen zu bezeichnen, so 2 Mos. 1, 5: „Und es waren alle Seelen, die hervorgegangen waren aus der Lende Jakobs, siebzig Seelen"; 3 Mos. 4, 2: „So eine Seele sündigt aus Versehen ꝛc.". Und 1 Mos. 14, 21: „Und der König von Sodom sprach zu Abram: Gieb mir die Seelen (Personen) und die Beute nimm dir!" Die Seele ist aber auch die Trägerin des Individual-, des persönlichen Ich-Lebens. So 1 Sam. 18, 1: „Und es geschah, als er sein Reden mit Saul geendigt hatte, da kettete sich die Seele Jonathans an die Seele Davids und Jonathan liebte ihn wie seine Seele". Vers 3: „Und es schloß Jonathan und David einen Bund, weil er ihn liebte wie seine Seele". Jos. 2, 14: „Und die Männer sprachen zu ihr: Unsere Seele soll anstatt euerer sterben!" 5 Mos. 13, 6: „So dich — dein Freund, der wie deine Seele ist, heimlich verleitet . . ."; 1 Mos. 12, 13: „Sage doch, meine Schwester seist du, damit es mir gut gehe deinetwegen und meine Seele lebe um deinetwillen". Jef. 46, 2: „Sie sinken zusammen, sie stürzen mit einander und können die Last nicht retten und ihre Seelen (sie selbst) gehen in die Gefangenschaft".

Wie es eine nicht geringe Anzahl biblischer Stellen giebt, in denen die Seele als die Trägerin des Lebens erscheint, so giebt es auch nicht wenige, aus denen hervorgeht, daß die Seele das Leibesleben erhält, selbst wiederum aber von dessen Stand durchaus abhängig ist [1]).

Die Seele ist aber nicht bloß die Trägerin des sinnlichen Lebens, sondern auch des übersinnlichen; sie ist auch übersinnlicher, göttlicher Einwirkung teilhaftig. Der Psalmist ruft 66, 16: „Kommt, hört zu, daß ich erzähle, alle ihr Gottesfürchtigen, was Er an meiner Seele gethan hat", und 119, 175 betet er zu Gott: „Laß meine Seele leben und dich loben" und Pf. 146, 1; 103, 1 f.: „Lobe den Herrn meine Seele und vergiß nicht, was er dir Gutes gethan hat"; Spr. 19, 16: „Wer das Gebot bewahrt, bewahrt seine Seele"; 15, 32: „Wer Zucht verwirft, achtet seine Seele gering"; 8, 36: „Wer an mir sündigt, frevelt an seiner Seele"; 6, 32: „Wer seine Seele zugrunde richten will, der thut solches" (übeles); 18, 7: „Der Mund des Thoren gereicht ihm zum Sturze, und seine Lippen sind der Fallstrick seiner Seele"; 1 Petr. 1, 9 wird von der Seligkeit der Seele gesprochen und 2, 25 heißt Christus der Bischof der Seelen; Hebr. 10, 39 heißt es von dem der glaubt, daß er seine Seele rettet, u. a. a. Stellen.

So wird denn auch die Seele dessen, der im weltlichen Leben auf- und untergegangen ist, der Seligkeit verlustig gehen, so z. B. Luk. 9, 24: „Wer seine Seele erhalten will, der wird sie verlieren; wer aber seine Seele verliert um meinetwillen, der wird sie erhalten [2])". Wer also seine Seele zur Seligkeit führen will, muß

---

1) 1 Röm. 19, 2, 4, 10. Hiob 27, 8. 1 Mos. 35, 18. 2 Sam. 1, 9. Apg. 20, 10. 3 Mos. 26, 16. Pf. 35, 13. 4 Mos. 11, 6. Luk. 12, 22 f.

2) Dasselbe besagen Luk. 17, 33. Matth. 10, 39; 16, 35 f. Matth. 8. 35. Joh. 12, 25.

sich des weltlichen Sinnenlebens entschlagen und zu Christus wenden, denn, sagt Lukas 9, 56: „des Menschen Sohn ist nicht gekommen, der Menschen Seelen zu verderben, sondern zu erhalten", aber er muß alles aufgeben: „Vater, Mutter, Weib, Kinder, Brüder, Schwestern, auch dazu seine eigene Seele (14, 26). Nur wer der Sünde abstirbt, kann seine Seele retten (Röm. 6, 6 ff.). Die Seele führt also ein Doppelleben, ein geistiges und ein sinnliches; da aber das geistige bei dem Schöpfungsakt dem Erdenleib eingesetzt und von ihm umschlossen ist, so ist die sinnliche Lebensseite der Seele ihre Grundform, durch den Sündenfall aber ist die Wirksamkeit des Geistes gebrochen, in der Seele erhielt die sinnliche Natur die Obmacht. So ist denn die Grundlage dieses Seelenlebens Lust- und Unlustgefühl und das daraus entspringende Begehren, der Trieb [1]). Und der Apostel konnte schreiben 1 Kor. 2, 14: „Der seelische (Luther sehr gut: der natürliche) Mensch vernimmt nichts vom Geist Gottes", denn seine Macht liegt in den Banden des Fleisches; Jud. 19 heißen die Übelthäter „Fleischliche, die da keinen Geist haben". „Sie sind wie die unvernünftigen Tiere, die von Natur dazu geboren sind, daß sie gefangen und geschlachtet werden." Sie sind voll Wollust, Schande und Laster (2 Sam. 2, 12 ff.). Das Sinnenleben umspinnt die ganze seelische und geistige Thätigkeit, die Seele fällt häufig in den Zustand des Halbschlafs, des Träumens; um so ungehinderter kann dann die Sinnenlust mit aller Macht in den Menschen einbrechen, sich festsetzen und die Fleischlichkeit herausbilden zu einem Gesetz der Sünde, das siegreich das Gesetz Gottes im Menschen bekämpft. Es tritt der Zustand ein, den der Apostel so ergreifend darstellt Röm. 7, 14 ff.: „Denn wir wissen, daß das Gesetz geistlich ist; ich aber bin fleischlich, unter der Sünde verkauft. Denn was ich

---

1) Vgl. besonders Spr. 13, 19. 1 Mof. 34, 8. 5 Mof. 12, 15, 20 f. 2 Sam. 3, 21. Hiob 6, 7; 10, 1. Matth. 13, 15. 5 Mof. 29, 4. Jef. 6, 10.

thue weiß ich nicht, denn was ich will thue ich nicht, sondern was ich hasse, das thue ich. Wenn ich aber das thue was ich nicht will, so bestätige ich dem Gesetze, daß es gut ist. Ich bin es aber jetzt gerade nicht mehr, welcher solches thut, sondern die Sünde, die in mir Wohnung genommen hat. Denn ich weiß, daß in mir, d. h. in meinem Fleische, nichts Gutes wohnt. Denn das Gutewollen liegt mir nahe, aber das Vollbringen nicht. Denn das Gute das ich will, das thue ich nicht, sondern das Böse das ich nicht will, das thue ich. Wenn ich aber thue was ich nicht will, so **thue ich** es nicht mehr, sondern die Sünde, die in mir wohnt. So finde ich nun ein Gesetz, daß mir das Böse naheliegt, obgleich ich das Gute thun will. Denn ich habe Lust an Gottes Gesetz nach dem inwendigen Menschen. Ich sehe aber ein anderes Gesetz in meinen Gliedern, welches zu Felde zieht gegen das Gesetz meiner Vernunft (nus) und mich zum Gefangenen macht in dem Gesetz der Sünde, welches in meinen Gliedern ist".

Es ist denn auch der Apostel Paulus, welcher den Begriff der Fleischlichkeit, der sarx, vornehmlich entwickelt hat. Indem er den menschlichen Organismus, das sōma, in den äußeren und den inneren Menschen einteilt, 2 Kor. 4, 16 lehrt er, daß der Stoff der äußeren Leibesform das Fleisch, sarx, ist, welches durch die Seele belebt wird [1]). Es ist sehr bezeichnend für die paulinische Auffassung und Lehre, daß Fleisch mit Seele an mehreren Stellen (z. B. Röm. 3, 20. 1 Kor. 1, 29; 6, 16. Gal. 2, 16) insofern identifiziert wird, als Fleisch an diesen Stellen Persönlichkeit, Individualität bedeutet, wofür sonst Seele gesetzt wird. So definiert denn auch ein neuerer Theologe [2]) die paulinische sarx als die „sinnlich belebte, sündlich bestimmte Leibesmaterie der irdischen Menschheit".

---

1) Die Einzelheiten s. Cremer, Wörterbuch der Neutestamentlichen Gräcität unter sarx.

2) Lüdemann, Die Anthropologie des Apostels Paulus. Kiel 1872

b) Der Geist.

Der gerade Gegensatz zum Fleisch ist der Geist. Wie der Leib Form und Gefäß, die Seele Trägerin, Sitz und Subjekt des Personen- und Individuallebens ist, so der Geist das Prinzip, die Macht desselben. Und von einer anderen Seite diese Beziehungen betrachtend sagt Delitzsch: „Über dem Stoff steht die Kraft als der Stoff der Stoffe, und über der Kraft steht das Leben als die Kraft der Kräfte, und über dem Leben steht der Geist als das Leben des Lebens, und über allen Geistern steht Gott als der Geist der Geister".

Der Geist, pneuma, ist die Lebenskraft, das Lebensprinzip, denn „der Geist ist es, der lebendig macht", Joh. 6, 63; der Leib ohne Geist ist tot (Jak. 2, 26).

Die Schrift setzt nun überall voraus, daß die Seele, das Ich, die Geisteskraft annehmen kann, oder nicht [1]), seitdem aber die Seele der Macht der Sünde durch den Fall anheimgegeben ist, hat sie zwar an sich die Wahlfreiheit nicht verloren, aber die Kraft der Geistesannahme [2]). In diesem Seelenzustand ist der Geist zwar als der Wille zum Guten noch vorhanden, er kann aber nicht wirksam werden (Röm. 7, 18), „der Geist ist willig, aber das Fleisch ist schwach", sagt Matth. 26, 41; d. h. schwach zum Vollbringen des Guten, aber stark zur Ausübung des Schlechten. So kommt es zum inneren Streit, den der Apostel schildert Gal. 5, 17: „Denn das Fleisch begehrt auf gegen den Geist, der Geist aber gegen das Fleisch". Der Mensch sinkt immer mehr auf die Stufe der anderen Lebewesen zurück, er wird ein psychikos, ein nur noch seelischer, natürlicher.

Der Geist erscheint aber auch als die selbstbewußte Innerlich-

---

1) Vgl. z. B. Jes. 65, 12. Joh. 12, 47. 1 Kor. 7, 37.
2) Röm. 7, 14 ff.

keit des Menschen¹), so kommt es, daß er auch für Seele und Herz, in denen er wirkt und ist, gesetzt wird, nie aber ist er wie die Seele das Lebenssubjekt²).

Diejenige Kraft nun, durch welche der Geist in seiner Selbstbewußtheit sein Denken und Wollen äußert und thätig werden läßt, heißt im Neuen Testament der nūs; er ist die geistige Erkennungs- und Willenskraft, welche nach der Schrift der Geist im Herzen ausübt. Außer Luk. 24, 45. Offb. 13, 18; 17, 9 kommt dies Wort nur bei Paulus vor.

Es ist eine überaus wichtige Thatsache der biblischen Seelenlehre, daß sie zwar ein selbständiges sinnliches Wahrnehmen bezw. Erkennen und Vorstellen kennt, aber kein sittliches Denken und Erkennen, welches prinzipiell vom sittlichen Wollen durchaus zu trennen wäre. Es wird deshalb auch sehr passend nicht sowohl Denk- als Nachdenkungsvermögen genannt³); man hat es auch bezeichnet als das intellektuelle Organ des sittlichen Triebes⁴). Aber auch an diesem Organ des Geistes treten die verderblichen Einflüsse der Fleischesherrschaft hervor. Kol. 2, 18 warnt der Apostel vor denen, die im Schein geistlichen Wesens und mit angenommener Demut einhergehen, als seien sie Engel, in Wirklichkeit aber sind sie aufgeblasen, weil ihr nūs unter der Herrschaft des Fleisches steht; das sind dieselben, von denen der Apostel Röm. 1, 28 sagt, sie hätten einen nūs, der sich nicht bewährt (Luther: verkehrt), 2 Tim. 3, 8 wird von diesen Menschen, die untüchtig zum Glauben sind, gesagt, sie hätten einen zerrütteten nūs; Eph. 4, 17 wird von der Eitelkeit, der Nichtigkeit des nūs gesprochen. Auch die haben einen zerrütteten nūs, welche den Glauben zum Schul-

---

1) Vgl. Cremer a. a. O. pneuma, und die Stellen 1 Kor. 2, 11; 5, 3. Matth. 5, 3. Kol. 2, 5. Luk. 1, 80.
2) Cremer giebt die übrigen Einzelheiten.
3) Cremer unter nūs.
4) Röm. 7, 25; 14, 5; 12, 2 ꝛc.

gezänk und aus der Gottseligkeit ein Gewerbe machen (1 Tim 6, 5) ¹).

So erscheint der nūs als eine Grundkraft des inneren Menschen, die also, wie bemerkt, nicht bloß die sittliche Denkkraft, sondern auch die sittliche Willenskraft bezeichnet; das Wort bedeutet deshalb einerseits geradezu Plan, Absicht (1 Kor. 2, 16. Röm. 11, 34); anderseits das Unterscheidungsvermögen zwischen gut und böse (Röm. 12, 2; 14, 5. 1 Kor. 1, 10 ꝛc.). Wie der nūs der sinnlichen Wahrnehmung mit der daraufsolgenden Verstandesthätigkeit gegenüber die sittliche Wahrnehmung, das sittliche Nachdenken und Wollen bezeichnet, so bezeichnet das Thätigkeitswort des nūs, noein, das sittliche Merken auf etwas, das Wahrnehmen von etwas, das Nachdenken über etwas ²); es bedeutet Sinn und Wesen einer Sache geistig ergreifen, es drückt das sittliche Verständnis aus, das mit dem Herzen begreifen ³); ferner sittlich achten auf jemand (Hebr. 10, 24) mit dem Glauben merken (Hebr. 11, 3). Wie der nūs, die Grundkraft des Geistes, in dem Herzen, dem Lebensorgan des Menschen, wirkt und zwar als eine Funktion desselben, so kann auch das noein von dem Herzen ausgesagt werden, z. B. Joh. 12, 40. Das Erzeugnis dieser Thätigkeit ist das noēma, Gedanke, Gesinnung, Sinn und Sinnesart ⁴). Mit Recht macht Beck ⁵) nach dem Vorgang von Roos darauf aufmerksam, daß das Wort auch gebraucht wird, um die Gedanken auch als Werkzeug des Nachdenkungs- und Willensvermögens zu bezeichnen, wie die paulinischen Stellen 2 Kor. 3, 14; 4, 4 zeigen. In der Bedeutung sehr nahe verwandt mit nūs ist

---

1) Ferner zu vergl. 2 Kor. 4, 4; 11, 3. Kol. 1, 21 f. u. a.
2) Matth. 24, 15; 15, 17. Mark. 13, 14. Röm. 1, 20. 2 Tim. 2, 7.
3) Matth. 16, 9, 11. Mark. 8, 17. Eph. 3, 20. 1 Tim. 1, 7. Luk. 12, 24, 27. Joh. 12, 40.
4) 2 Kor. 2, 11; 11, 3; 13, 3; 10, 5. Phil. 4, 7.
5) Umriß der bibl. Seelenlehre, 3. Aufl., S. 65 f.

ennoia Gedanke, Sinn, Gesinnung, Erkenntnis und dianoia in demselben Sinn, in der Profangräcität durchweg wie nūs im Alten Testament gebraucht, bedeutet aber auch das sittliche Erkenntnisvermögen, insbesondere das durch die Wiedergeburt verliehene [1]). Als Synonym von noein wird synienai gebraucht: eigentl. zusammenfassen, dann merken, erwägen, beherzigen; bezeichnet auch das sittlich-religiöse Verhalten und wird dem Herzen zugeschrieben [2]), namentlich wird es auch vom sittlichen Erfassen des Gottesworts gebraucht [3]), das davon abgeleitete Hauptwort synēsis bedeutet zunächst Auffassungsgabe Luk. 2, 47; Scharfsinn 1 Kor. 1, 19, auch von dem sittlichen Nachdenken wird es gebraucht, namentlich in den Unterredungen und dem Lehrvortrag Luk. 2, 17. Eph. 3, 4 ꝛc.

Die Gesinnung, das planmäßige Erstreben, die auf das Gute gerichtete Denk- und Willensrichtung, die sittliche Bewertung wird durch phronein, phronema, phronesis ausgedrückt, wenngleich das letztere auch für selbstische Klugheit gebraucht wird [4]). In diesem Sinn heißt es Matth. 11, 25, wo diesen vermeintlichen Klugen, die keinen Sinn für Gottes Offenbarung haben, die Unmündigen entgegengesetzt werden, welche dieselbe erhalten und aufzunehmen wissen. Der Apostel nennt so die geistig Aufgeblasenen (Röm. 11, 25; 12, 16. 1 Kor. 4, 10).

---

1) Hebr. 4, 12; 8, 10; 10, 16. Matth. 22, 37. 1 Joh. 5, 20 f. 18. 1 Sam. 1, 13. 2 Sam. 3, 1.
2) Matth. 13, 13 ff., 19; 23. Mark. 4, 12; 7, 14; 8, 17. Matth. 15, 16. Luk. 24, 45.
3) Matth. 13, 51; 15, 10; 16, 12; 17, 13. Luk. 2, 50, und ähnlich Eph. 5, 17. Apg. 7, 25 ꝛc.
4) Vgl. Beck a. a. O. S. 68 f.

c) Das Herz.

Wie schon aus früheren Andeutungen hervorgeht, ist das Herz nicht bloß der Mittelpunkt des leiblichen Lebens auch in der Schrift, sondern auch des geistig-seelischen und sittlichen Lebens, wie es auch bei Homer und den Tragikern vielfach gebraucht wird; während die griechische Profanprosa in diesem Sinne, soweit es überhaupt da eine Stelle haben kann, durchweg psyche gebraucht. Die griechischen Übersetzer des Alten Testamentes, die sogenannten Septuaginta, haben deshalb das hebräische Wort für Herz lebh mit kardia übersetzt und nicht mit psyche, weil sie dadurch die ganze biblische Seelenlehre in eine unheilbare Verwirrung gebracht haben würden. Daß das Herz nicht bloß als Mittelpunkt des leiblichen Lebens in der Schrift gebraucht wird, geht schon daraus hervor, daß es den Tieren nicht zugeschrieben wird. Es geschieht dies nur Hiob 41, 15, wo es nur den Körperteil bedeutet, und Dan. 4, 13, wo bei der Verwandlung des Nebukadnezar gesagt wird, es werde ihm statt eines menschlichen ein viehisches Herz gegeben werden, in dem Sinn also, daß er aufhören werde, eine menschliche Person zu sein. Daß in der Schrift das Herz Sitz, Herd und Organ des menschlichen Personenlebens ist, beweisen viele Stellen, wie Spr. 4, 23: „Mehr als alles was zu bewahren ist, behüte dein Herz, denn aus ihm sind die Ausgänge des Lebens" oder „in ihm sind die Quellen des Lebens". Daß deshalb die Begriffe Herz, Seele und Geist nicht selten gemischt gebraucht werden, ist nicht auffallend; doch ist die Grenze dafür wohl zu erkennen. Wenn z. B. die Empfindungen der Freude, des Leids, der Unruhe ꝛc. dem Herzen wie der Seele zugeschrieben werden, wird das natürliche Triebleben, das Lustgefühl, die epithymia, der Seele; das sittliche, bewußte Denken und Wollen (nūs, noein etc.) dem Herzen zugeschrieben, wie oben bereits bemerkt worden ist. Wenn Herz und Seele — immer in dieser Folge, verbunden sind, so soll damit nur besonders stark hervorgehoben werden, daß der Mensch nach allen in Betracht kommenden inneren Richtungen als beteiligt gedacht bezw. bezeichnet wird.

Nach dem früher Gesagten kann es nicht auffallen, daß der Geist mit seinen Kräften als im Herzen wirkend gedacht wird, also der nūs ebenso wie das Gewissen. Es wurden deshalb Herz und Geist innerhalb dieser Grenzen gemischt gebraucht.

Gehen wir auf das anfangs Gesagte zurück, so ist zunächst darauf hinzuweisen, daß das Herz der Mittelpunkt des inneren Lebens, das Licht und der Brennpunkt ist; es ist der Ort, wo das Gute und das Böse aufbewahrt wird (Matth. 12, 34); das innere verborgene Leben wirkt dort, „der verborgene Mensch des Herzens" (1 Sam. 3, 4), das Gewissen, ist das Zeugnis im Innern für die Wahrheit und Gerechtigkeit der Beweggründe bei unserem Handeln 2 Kor. 4, 2; 5, 11. Deshalb wird das Gewissen auch geradezu [1]) als „das Resultat der Wirksamkeit des Geistes im Herzen" bezeichnet. Im Herzen hat deshalb das Gewissen seine richtende Thätigkeit 1 Joh. 3, 20 f. Indes geht diese nur, wie bemerkt, auf die Beweggründe des Handelns; entsprechen diese nach dem Gewissenszeugnis der Wahrheit und Gerechtigkeit, so hat der nūs zu entscheiden, was und wie etwas zu geschehen hat, und hierbei kann dieser sich vergreifen (Röm. 14, 1. 1 Kor. 8, 7. 11 f. Röm. 14, 14. 22 f. 1 Kor. 10, 28 f.). Deshalb schärft der Apostel auch Röm. 14, 5 ein, daß manches auf gar verschiedene Art gehalten werden könne, daß man sich aber über das gewiß sein müsse, was man thue; auf das gute Gewissen kommt es vor allem also an 1 Tim. 1, 5. 19; was er in Unwissenheit gethan, kann ihn nicht verklagen 1 Tim. 1, 13. Die objektive Wahrheit wird hiernach durch das Gewissen nicht offenbart [2]). Deshalb kann das Gewissen auch vor Gott nicht unbedingt rechtfertigen, wie denn

---

1) Cremer a. a. O. s. Καρδία

2) Vgl. noch Hebr. 13, 18. 2 Kor, 1, 12; 4, 2. Apg. 23, 1; 24. 14. 16 und Gal. 4, 13 f.

der Apostel 1 Kor. 4, 4 schreibt: „Ich bin mir zwar nichts bewußt, aber ich bin darin nicht gerechtfertigt, denn der Herr ist es, welcher mich richtet". Deshalb kann auch das Gewissen unrein sein, Tit. 1, 15: „Den Reinen ist alles rein, den Unreinen aber und Ungläubigen ist nichts rein, sondern unrein ist beides ihr Sein und ihr Gewissen". Äußerlich können die „Lügenredner" im guten Schein gleißen, im Gewissen aber haben sie Brandmale. Im Hebräerbrief Kapitel 9 wird den Juden ihre tote Werkheiligkeit vorgehalten und gesagt, daß erst Christi Blut das Gewissen reinigen werde von den toten Werken. Wie der nūs nun im Herzen die sittliche Anlage entwickelt, so ist das Herz der Sitz der sittlichen Selbstbestimmung (Röm. 2, 14). Deshalb wird auch ihm Schuldbewußtsein zugeschrieben, wie denn der Prophet Jer. 17, 1 schreibt, daß den Juden ihre Sünden auf die Tafel ihres Herzens geschrieben seien. So kommt es auch zu dem, was von David 1 Sam. 24, 6 und 2 Sam. 24, 10 erzählt wird, daß er im Schuldbewußtsein sein Herz schlug, sein Herz strafte. Jeremias ruft 4, 18 seinem Volk zu: „Dein Herz wird fühlen, wie dein Bosheit so groß ist" und ähnlich 20, 9 und 1 Kön. 8, 38: „wenn sie inne werden ein jeder die Plage seines Herzens"; 2 Sam 7, 27 hat der Knecht Gottes „sein Herz gefunden", um zu Gott zu beten; durchaus zu vergleichen mit dem, was das Neue Testament nennt das „In-sich schlagen" (Luk. 15, 17). Zwar ist, wie eben gesagt, die Lust, epithymia, an sich eine Bewegung der Seele, tritt sie aber in das Herz, so wird eine Macht aus ihr, welche es verdirbt (Röm. 1, 24); es tritt dann der Zeugungsakt ein, der durch Lust und Herz, also das wollende Ich, begangen, die Sünde hervorbringt, wie Jakobus so ergreifend es darlegt Kap. 1, 14 f; diese Lüste des Herzens werden dann immer unbesiegbarere Lebensmächte (Röm. 1, 24. 26), das Herz wird verfinstert (V. 21), die Werke des Fleisches werden nun gethan (Gal. 5, 19 f. und Matth. 15, 19).

Wie das Gewissen befleckt werden kann, auch durch Heuchelei, so auch das Herz; es verdoppelt sich so gleichsam, deshalb warnt der Apostel vor der Doppelherzigkeit und mahnt zur Einherzigkeit, zur Einfalt des Herzens ¹).

1) Eph. 6, 5f. Kol. 3, 22. Apg. 2, 47.

4. Die Wiedergeburt des Menschen.

Nachdem infolge des Sündenfalls die Macht des Geistes gebrochen und gebunden war, der Leib deshalb nicht zur Verklärung erhoben wurde, sondern zur Verwesung herabsank, die Seele aber unter die Macht des Fleisches, der Sinnlichkeit gebeugt war und der Geist nur noch als guter, aber machtloser Wille in den Sündenmenschen wirkte, mußte durch eine neue Einwirkung Gottes der versündeten Menschheit die Möglichkeit gegeben werden, sich diesem ewigen Verderben zu entwinden. Und wie der Sündenfall sinnliche Ausgangspunkte: Baum und Schlange hatte, so geht auch die neue befreiende Einwirkung Gottes von einer sinnlichen Basis: dem fleischgewordenen Gottessohn, dem Wort und Sakrament aus. Von diesen kann eine neue Begeistung des Menschen stattfinden, wenn der ganze innere Mensch sich diesem neuen Gotteshauch erschließt und hingiebt: dieser Gotteshauch kann dann seinen Geist aus den Banden der versinnlichten Seele lösen, daß er wieder in Wirksamkeit treten kann. Der Geist gewinnt wieder Leben (Röm. 8, 10), er beginnt den Menschen wieder zu leiten (Röm. 8, 5. Gal. 5, 18). Diese Leitung muß sich aber auch äußerlich zeigen: „So wir im Geiste leben, so lasset uns auch im Geiste wandeln" (Gal. 5, 25). Der Geist beginnt nun sich von der Seele aus in den Sündenleib hinein zu entwickeln; der alte Mensch wird gekreuzigt „auf daß der sündliche Leib aufhöre" (Röm. 6,

6. 9. Gal. 5, 24). Es beginnt der Ertötungsprozeß des Lust- und Sündenlebens im Menschen; es beginnt der Kampf des Geistesgesetzes gegen das Sündengesetz (Kol. 2, 5. Röm. 6, 12 f. 19). Der Leib muß wieder für den Herrn erstritten werden. 1 Kor. 6, 13 und B. 15 f. heißt es: „Wisset ihr nicht, daß eure Leiber Christi Glieder sind. Sollte ich nun die Glieder Christi nehmen und Hurenglieder daraus machen? Das sei ferne. Oder wisset ihr nicht, daß, wer an der Hure hangt, der ist ein Leib mit ihr?" Anstatt des natürlichen Leibes muß der geistige gestaltet werden; an Stelle des irdischen Menschen muß der himmlische treten. „Und wie wir das Bild des Irdischen getragen haben, so werden wir auch das Bild des Himmlischen tragen" (1 Kor. 15, 49. 53). Auch die vorher stumpfen Sinne, die Augen, die nicht sahen, werden geschärft und können wieder thätig werden (Matth. 13, 13 f. 15; 11, 15. Hebr. 3, 7. Luk. 11, 36). Dem neuen Geistesleben, der Erkenntnis Gottes wird geradezu Geruch zugeschrieben 2 Kor. 2, 14 f. und Apg. 17, 27 heißt es: „Daß sie den Herrn sehen sollten, ob sie doch ihn fühlen und finden möchten". So wird denn allmählich eine Verklärung des Leibes herbeigeführt, mit welcher die Verklärung der Welt beginnt. Im zweiten Brief Petri, Kap. 1, 13 f. heißt es daher: „Ich achte es für billig, so lange ich in dieser Hütte bin, euch zu erwecken und euch zu erinnern; denn ich weiß, daß ich meine Hütte bald ablegen muß". Und noch deutlicher und umfassender stellt der Apostel die ganze leibliche Wesensveränderung dar 2 Kor. 5, 1—5: „Wir wissen aber, wenn unser der Erde angehöriges Haus des Körpers zerstört wird, wir ein Gebäude aus Gott haben, eine ewige Behausung, nicht von Händen gemacht, im Himmel. In jenem aber seufzen wir, indem wir uns danach sehnen, uns mit der himmlischen Behausung zu bekleiden, wenn wir nämlich nach dieser unserer Bekleidung nicht nackt erfunden werden. Denn solange wir in jener (irdischen) Hülle wohnen, sind wir beschwert und seufzen, und hierauf wollen wir nicht entkleidet, sondern überkleidet werden. Damit das Sterbliche verschlungen würde

vom Leben. Wer uns aber dazu bereitet hat, ist Gott, der uns das Unterpfand des Geistes gegeben hat".

Aber auch der Wiedergeborene kann wieder dem Fleisch anheimfallen; deshalb fragt der Apostel Gal. 3, 3: „Im Geiste habt ihr angefangen, wollt ihr denn nun im Fleische vollenden?" Wir sind eben des Geistes nur teilhaftig geworden, wenn wir den geistigen Anfang fortsetzen und bis ans Ende festhalten (Hebr. 3, 14). Deshalb mahnt der Apostel zur Regsamkeit im Geiste Röm. 12, 11. 1 Thess. 5, 19; denn wenn die Wiedergeborenen wieder abfallen, so können sie nicht noch einmal zur Wiedergeburt, zur Bekehrung, metanoia gebracht werden (Hebr. 6, 4—6).

Wenn der nūs, dies sittliche Nachdenkungs- und Willensvermögen — man hat es auch wohl mit Vernunft (von Vernehmen wie nus von gignōsco) übersetzt, im natürlichen Menschen die sittliche Anlage zu entwickeln sucht, so wird er im Wiedergeborenen erneuert durch den Geist; daher fordert der Apostel die Gläubigen auf Eph. 4, 23, sich zu erneuern „im Geiste des nūs" („eures Gemüts", übersetzt Luther).

„Stellt euch nicht dieser Welt gleich", ruft der Apostel den Römern zu Kapitel 12, 2, „sondern verwandelt euch durch die Erneuerung des nūs (Luther: eures Seins), auf daß ihr prüfen möget, welches sei der gute, der wohlgefällige und der vollkommene Wille Gottes". Dieses nūs, dieses Vermögen ist dann auch ein fruchtbares (1 Kor. 14 f. 19).

Wie nun durch die Wiedergeburt der göttliche Geist, der Geist Christi, der heilige Geist den Geist des Menschen entfesselt zu neuer Thätigkeit, die Seele vergeistigt, den Leib verklärt, so ist das Herz vor allem das Organ seines Wirkens. „Die Liebe Gottes ist ausgegossen in unser Herz durch den heiligen Geist, welcher uns gegeben ist", schreibt der Apostel an die Röm. 5, 5. In diesem Sinne wird daselbst 2, 29 von einer Beschneidung des Herzens gesprochen. Diese Wirksamkeit des Geistes, bezw. Glaubens reinigt denn auch die Gewissen, wie Paulus an Timotheus im zweiten Briefe, Kapitel

1, 19 schreibt: „Und hatteſt den Glauben und gutes Gewiſſen, welches etliche von ſich geſtoßen und am Glauben Schiffbruch gelitten haben"; und 3, 9: „Die das Geheimnis des Glaubens in reinem Gewiſſen haben". Das Wirken des Geiſtes bringt dann auch die Wohlgeſinntheit hervor (phronēsis), welche den Empfang der Gnade ſichert (Eph. 1, 8). Und Luk. 1, 17 weisſagt der Engel dem Zacharias von Johannes, daß er dem Herrn vorausgehen werde, um die Ungläubigen zu bekehren zur Wohlgeſinntheit der Gerechten. Als eine neue Eigenſchaft des geiſtig bearbeiteten und geleiteten Herzens und Sinns iſt nun die Maßhaltung (Luther meiſt: Zucht) das sophronein bezeichnet 1 Pſ. 4, 7. 1 Tim. 2, 9, 15; 3, 2; Tit. 1, 8; 2, 2, 6. So wird allmählich das Herz umgeſtaltet, daß es rein, gerade, völlig ſei; es darf nicht verhärtet, aber auch nicht erweicht, nicht verſtockt, aber auch nicht zerſchmolzen ſein; es ſoll demütig und zerſchlagen ſein, aber auch feſt; Hebr. 13, 9 heißt es deshalb: „es iſt ein köſtlich Ding, daß das Herz feſt werde, welches geſchieht durch Gnade". In das Herz muß der Same des Wortes geſät werden Matth. 13, 19. Luk. 8, 15. Röm. 10, 8. Dann bildet ſich in dem Herzen der Glaube Luk. 8, 12 ff. Mark. 11, 23. Matth. 17, 20; aus dieſer Blüte des Glaubens erwächſt dann deſſen Frucht, der Friede, welcher höher iſt denn alle Vernunft Phil. 4, 7; von dem deshalb der Apoſtel Kol. 3, 15 ſchreibt: „Der Friede Gottes regiere in euren Herzen!" Dieſer Friede bringt die Hoffnung, und welche gleichſam die praktiſche Seite des Friedens iſt; wie denn der Apoſtel Röm. 15, 13 ſchreibt: „Der Gott der Hoffnung erfülle euch mit aller Freude und Frieden im Glauben, daß ihr völlige Hoffnung habt durch die Kraft des heiligen Geiſtes". Darum bleibt er auch bei dem Worte des Apoſtels 1 Kor. 13, 13; „Nun aber bleibet Glaube, Hoffnung, Liebe, dieſe drei; aber die Liebe iſt die größeſte unter ihnen".

Anhang.

Die Psychologie in der neuen Philosophie.

Es dürfte nicht ohne Interesse sein, anhangsweise hier einen ganz kurzen Überblick über die wichtigsten psychologischen Auffassungen folgen zu lassen, wie sie in der neueren Philosophie hervorgetreten sind [1]).

Bis auf Cartesius blieb die Philosophie im wesentlichen auf dem Standpunkt des Aristoteles stehen, welcher in seiner mechanischen Auffassungsweise den Körper für das passive, die Seele für das aktive Sein ansah. Cartesius verließ den Weg der Analogie und betrat den der Induktion, indem er sagte: „die Erfahrung beweist, daß alles Körperliche nur äußerlich und nicht innerlich, alles Geistige aber nur innerlich und nicht äußerlich wahrnehmbar sei". Kant nach seiner bekannten Zweiteilung meint, daß von seiten der reinen Vernunft betrachtet, die Seele eine Erscheinung, ein Phänomen sei; von seiten der praktischen Vernunft jedoch spricht er ihr Substanzialität, „beharrliches Wesen" zu. Jene von Kant objektiv gemeinte Erscheinung verflüchtigte Schopenhauer zu einem subjektiven Phänomen, einer Vorstellung. So kann er sagen: „die

---

[1]) Vgl. Fr. Harms, Die Philosophie in ihrer Geschichte. Erster Teil, 1879. J. H. Witte, Das Wesen der Seele und die Natur der geistigen Vorgänge im Lichte der Philosophie seit Kant ꝛc., Halle 1888; Fauth, Das Gedächtnis, Gütersloh 1888.

Welt ist meine Vorstellung", und da die andere subjektive Seite derselben der Wille sein soll, so kennt er nur „die Welt als Wille und Vorstellung". Somit kann weder von Substanzialität noch von Einheit bei ihm die Rede sein. Eine ähnliche Stellung nehmen die sogenannten Neukantianer, Liebmann u. a. ein. Noch weiter gehen dann die, welche, wie Schuppe, jede seelische Substanz leugnen. Die Materialisten leugnen in ihrer unklaren und unkritischen Vermengung von Geist und Körper überhaupt die Existenz der Seele.

Wenig verschieden von ihnen sind die sogenannten Positivisten, deren Begründer Comte, und dessen bedeutendster Anhänger J. St. Mill ist. Diese skeptischen Positivisten, wie Laas und Ebbinghaus, leugnen die Möglichkeit einer substantiellen Auffassung der Seele. Auf demselben Standpunkt stehen die Begründer der empirischen Psychologie Wundt und seine Anhänger. Diese alle lehren eine „Psychologie ohne Seele". Man sieht, daß sie auf die Anschauungen des altenglischen Empirismus und Sensualismus eines Baco und Hobbes zurückführen; aber der neuenglische Empirismus eines H. Spencer, sowie die psychologischen Anschauungen von Ribot und Mach sind ungefähr die gleichen. Die Seele ist den letzteren z. B. nur ein Name für einen Komplex von Vorstellungen; die psychologischen Bezeichnungen sind nur ein Notbehelf „zur vorläufigen Orientierung und für praktische Zwecke"; in Wirklichkeit hat man es nur mit einer Zusammensetzung, mit einem „Zusammenhang der Elemente" zu thun. Dergleichen sogenannte Wesen wie die Seele bestehen nur in der „Denkökonomie". Ribot nennt als unser Subjekt das Gehirn, als unseren Organismus den Körper. Das Ich ist ihm „ein Aggregat bewegter Stoffteilchen". Weshalb sich diese Vertreter einer sogen. Psychologie nicht Materialisten nennen, ist nicht ersichtlich.

Allen diesen gegenüber stehen nun die, welche die Realität, die Substanz der Seele anerkennen, die sich dann aber wieder in dem wichtigsten Punkte widersprechen.

Giebt man die Substanzialität der Seele zu, so muß man auch eine Wechselwirkung zwischen Körper und Seele zugeben. Diese kann man sich auf eine doppelte Weise zustande kommend denken, 1) durch Gott, ideal, übernatürlich, oder 2) physisch, natürlich. Jenes behaupteten Cartesius, Spencer, Leibniz. Man kann sie als die Vorläufer des modernen Idealismus ansehen. Die drei bedeutendsten Vertreter desselben sind nun zunächst Fichte als der Vertreter des ethischen, Schelling des physischen, Hegel des logischen Idealismus. Nach diesen besteht in Wirklichkeit nur das absolute Bewußtsein, der absolute Geist, das absolute Werden. Wäre dies so, so würden wir nie zu irgend einer Erkenntnis gelangen können, denn wir sind nicht absolut, alles Wirkliche würde für unseren Geist also unmeßbar und unfaßbar sein müssen. Alles sinnliche Dasein wird bei Fichte zum Schein, wie bei den Materialisten das seelische; während bei Schelling die Psychologie ein Teil der Naturphilosophie ist, verschwindet sie bei den einzelnen Hyperdarvinisten wie Häckel, der nur noch eine „Zellseele" kennt.

Mit jenen verwandt ist Herbart, der nur ideale Substanzen kennt. Indem er aber die Annahme von psychischem Vermögen verwirft und die seelischen Vorgänge mechanisiert, nähert er sich dem Positivismus und Empirismus. Aber bedeutungsvoll ist seine Behauptung, daß die inneren Erfahrungen wissenschaftlich zu verwerten sind. Die Erfahrungen des Ich erklärt er freilich für Schein, auch das Ich ist ihm nur das Produkt eines Vorstellungsgewebes, nur eine Durchkreuzungsstelle zahlloser Vorstellungsweisen; folglich ist nicht das Ich, sondern die Vorstellung der Grundbegriff seiner Psychologie. Er erkennt zwar eine Seele an, aber eine ohne alle Anlagen und Triebe, die ihren Sitz im Gehirn hat. Die komplizierten mathematischen Berechnungen, die seine Psychologie umranken, können seinen Grundirrtum nicht verdecken, daß er nämlich die inneren Erfahrungen für Schein hält und diesen dann zum Objekt seiner Darstellung macht. Ähnlich verfährt Drobisch,

Hartenstein, Waiz, Kern u. a. Auch Beneke behauptet den Wert der inneren Erfahrungen, auch er verwirft die Seelenvermögen, Triebe, Anlagen ꝛc. und bleibt so im Empirismus stecken. — Im Gegensatz hierzu stehen diejenigen Philosophen, welche den Inhalt der Wahrnehmungen für etwas Wirkliches halten, das sind die **wissenschaftlichen Realisten**. Weitaus der bedeutendste unter ihnen ist R. H. Lotze. Er geht aus von der Einheit des Bewußtseins mit seinen inneren Erfahrungen und den äußeren Erfahrungen, welche das selbstbewußte Denken in seiner Wirklichkeit und seinem Zusammenhang zu verstehen sucht. Den Sinn des Wirklichen zu ergründen, darum handelt es sich. Als wirklich bezeichnet er Dinge, welche sind, Ereignisse, welche geschehen, Verhältnisse, welche bestehen, Wahrheiten, welche gelten. Ein Ding aber ist „das einheitliche, beharrliche Subjekt wechselnder Zustände" (s. Witte a. a. O. S. 298). Dies kann aber nur ein bewußtes Wesen sein; Wirklichkeit kommt also nur geistigen Wesen zu. Über die Wechselwirkungen zwischen Seele und Körper verbreitet sich Lotze sehr ausführlich. „Wo die Seele sich bethätigt, reagiert sie auf Reize", sie bekommt Empfindungen; sie hat aber auch das „Vermögen", Gefühle der Lust und Unlust zu haben, ebenso die andere „selbständige Grundkraft" zu Strebungen, Begierden, Willensakten (s. Witte, S. 304 f.). Bemerkenswert ist noch folgende Anschauung: Nur die Seelen sind unsterblich, „welche einen Inhalt von so hohem Werte realisieren, daß sie um deswillen dem Ganzen unverlierbar sind".

Verwandt mit diesen Anschauungen sind die des Philosophen Fr. Harms, dessen Hauptthätigkeit zwischen die Jahre 1852 und 1879 fällt. Das intellektuelle Erkenntnisvermögen nennt er Verstand. Dieser ist aber „nur eine Seite der Vernunft, welche sich zugleich auf das Handeln bezieht". „Die Vernunft ist die Kraft des richtigen Denkens, die Wahrheit aus den Erscheinungen zu erkennen und die Kraft der richtigen Entschlüsse, das Richtige zu wollen und zu thun." Man bemerkt die Ähnlichkeit mit dem biblischen nūs. Nach Harms besteht die Wirklichkeit außerhalb und unabhängig von Denken und Erkenntnis. Die Seele ist ihm ein inkorporierter Geist, sie muß als der Grund unserer inneren Wahrnehmungen und Erfahrungen gedacht werden. Der Geist ist das reflexible Sein, der Körper das transeunte. Der Leib ist von der Seele abhängig, aber auch die Seele vom Leibe. Ihre Abhängigkeit oder Gemeinschaft ist also eine wechselseitige. Ein kräftiger Geist kann den Körper beherrschen, ein leidender Körper beengt auch die Seele; die körperliche Konstitution bedingt die Temperamente. Die wechselseitige Abhängigkeit zeigt sich besonders darin, daß „alle Empfindungen durch die Sinnesorgane oder doch durch die Sinnlichkeit bedingt sind, und daß der Körper willkürliche Bewegung nur hat durch die denkende und wollende Seele, nicht für sich und durch sich allein" [1]).

---

1) Witte a. a. O. S. 327.

II.
Die biblische Biologie.

1. Voraussetzungen.

Wie für eine biblische Seelenlehre die erste Voraussetzung die ist, daß die Heilige Schrift eine einheitliche ist, so auch für die biblische Biologie oder Lebenslehre. Die zweite Voraussetzung für die Gestaltung einer biblischen Biologie ist die, daß die Schrift ausreichendes biologisches Material bietet.

Auch einem oberflächlichen Leser, insbesondere des Neuen Testamentes, wird es auffallen, daß der Herr und seine Apostel sich bei wichtigen Lehren der biologischen Ausdrucksweise vielfach bedienen. Daraus folgt, daß keine der Sache entsprechendere Ausdrucksweise gefunden werden konnte, um an sich schwerverständliche und mehr oder weniger geheimnisvolle Vorgänge den Menschen zum Verständnis zu bringen. Es würde für einen Staatsmann eine kaum lösbare Aufgabe sein, einer Volksmenge vortragsweise den organischen Charakter eines Staatswesens klar zu machen; die schöne Erzählung des Menenius Agrippa vom Leib und den Gliedern beweist auch in dieser Richtung die Wichtigkeit biologischer Ausdrucksweise; ein solches biologisches Gleichnis wird unmittelbarer in das Verständnis auch der schlichtesten Menschen eindringen als die feinste psychologische Darstellung oder die schärfste logische Erörterung. Wo es gilt das Leben in seinem Wesen zu verstehen, sei es Kunst-, Staats- oder religiöses Leben, kann eben nur die Darstellung die angemessene sein, welche ihre Mittel so wählt, daß sie dem Objekt der Darstellung entspricht; die Darstellung eines Lebensvorgangs verlangt auch biologische Darstellungsmittel.

2. Kontinuität und Lebensverleihung.

So lange die Wissenschaft vom Leben, die Biologie, nicht begründet war, konnte auch das biologische Element in der Heiligen Schrift vonseiten dieser Wissenschaft keine Beleuchtung erfahren [1]). Es mußte sodann die erste Sturmflut des Materialismus sich verlaufen haben, ehe die christlichen Naturforscher anfangen konnten, eine christliche Biologie zu begründen. So sehr auch der materialistische Monismus eines Du Bois-Reymond noch in scheinbarer Kraft zu stehen scheint, so sehr auch, zumal in Deutschland, Darwins Forschungen in irreligiöse und widerchristliche Systeme gebracht worden sind, so mehren sich doch die christlichen Stimmen auch im Chor der modernen Naturforscher und Darwinisten. Meines Wissens ist der erste namhafte Biolog, welcher die Gesetze des natürlichen Lebens auf das christliche Leben bewußt und in systematischer Betrachtung angewandt hat, der Edinburger Professor H. Drummond, dessen Werk aus dem Englischen nach der 17. Auflage unter dem allerdings nicht ganz glücklichen Titel „Das Naturgesetz in der Geisteswelt" von einem ungenannten Verfasser ins Deutsche übertragen worden ist [2]). Indem er sich von den Irrtümern anderer fern gehalten hat [3]), wendet er die biologischen

---

1) Vgl. des Verf. Aufsatz in den N. Jahrb. für Phil. u. Päolog. 1888, Heft 3, S. 161 ff.
2) Leipzig, Hinrichs 1886. 6 Mk.
3) Vgl. m. Aufsatz a. a. O., S. 164 ff.

Gesetze auf das christliche Leben an und geht naturgemäß von dem Gesetz aller Gesetze, der Kontinuität, aus.

Meines Wissens ist es der berühmte Begründer der Psychophysik Gustav Theod. Fechner, welcher in diesem Jahrhundert zuerst von naturwissenschaftlichem Standpunkt jenem Gesetz, wenn auch unbewußt, auch auf das geistige Gebiet hat Anwendung verschaffen wollen. Er meint, man müsse von Thatsachen des Diesseits auf solche des Jenseits schließen. Er hat die gleichen Gedanken ausführlicher dargelegt und durchgeführt in der 1861 erschienenen Schrift „Über die Seelenfrage, ein Gang durch die sichtbare Welt, um die unsichtbare zu finden." Er wollte „vom möglichst großen Kreise des Erfahrungsmäßigen im Gebiete des Existierenden ausgehen, um durch Verallgemeinerung, Erweiterung, Steigerung der Gesichtspunkte, die sich hier ergeben, zur Ansicht dessen zu gelangen, was darüber hinaus in den anderen, weiteren, höheren Gebieten des Existierenden gilt, an welche wegen ihrer Ferne unsere Erfahrung nicht reicht, oder deren Weite oder Höhe unsere Erfahrung überreicht und übersteigt." Er findet, daß Gott, der unendliche Geist, in seinem Leben das Leben aller Geister einschließe, das jenseitige Leben sei nur eine Fortsetzung dieses, insofern es in Gott begonnen sei. Daher das biblische Wort: In Gott leben, weben und sind wir. In dem Christentum sei aber die Einheit aller Menschen beschlossen. —

In dem hohenpriesterlichen Gebet Jesu, welches der Apostel Johannes in seinem Evangelium 9, 17 uns erhalten hat, tritt diese Einheit ganz besonders deutlich hervor. Nachdem der Heiland B. 10 gesagt hat, daß alles was sein' sei, auch des Vaters, und was des Vaters auch des Sohnes sei; bittet er, in diese Einheit möge der Vater auch die Jünger des Herrn aufnehmen und nicht diese allein, sondern auch die, welche durch jene gläubig werden; „auf daß sie alle eins seien, gleich wie du, Vater, in mir und ich in dir, daß auch sie in uns eins seien" (V. 21). Wie Gott den Sohn gesandt habe, so sende er die Apostel; wie der Sohn in sich trage und zur Offenbarung gebracht habe die entfaltete Fülle der Gotteskräfte (doxa), so hat der Sohn auf die Jünger diese Fülle übertragen, „daß sie eins seien, gleich wie wir eins sind, ich in ihnen und du in mir, auf daß sie vollkommen seien und eines."

Diese Einheit biologisch zu begründen hat nun Dommond unternommen. „Wenn in der Natur", schreibt er, „alles in Übereinstimmung sich befindet, so muß der Mensch — in ihren Kreis mit eingeschlossen sein. Es ist ganz unwahrscheinlich, daß der Mensch als geistiges Wesen in allen Bedingungen des Wachstums, der Entwickelung und des Lebens vom Menschen als physischem Wesen gewaltsam getrennt sei; ja, es ist schwierig sich vorzustellen, daß eine Reihe von Prinzipien das natürliche Leben beherrsche und dann, und zwar gerade, wo man ihrer bedarf, plötzlich einer anderen, gänzlich neuen und jener nicht verwandten Reihe weiche." Es entspricht also dem Gesetz der Stetigkeit, daß „wie die Naturgesetze im Weltall des Stoffs und des Raumes stetig sind, so sind sie es auch im Weltall des Geistes." Da diese Folgerung auf einem allgemein anerkannten Gesetz beruht, so haben diejenigen den Gegenbeweis zu erbringen, welche die Berechtigung derselben leugnen. Wer also die Gültigkeit der biologischen Gesetze für das geistige (religiöse) Leben bestreiten will, muß dies selbst leugnen.

Freilich soll und darf keineswegs bestritten werden, daß die übersinnliche Welt auch ihre eigenen Gesetze hat; daß die Naturgesetze aber in sie hineinragen, oder vielmehr, daß das, was wir als Naturgesetz kennen, nichts weiter ist, als die für uns sichtbaren Enden der Linien, welche die übersinnliche Welt durchziehen, kann mit Erfolg nicht mehr bestritten werden, denn „das Zeitliche ist nur das Gerüst des Ewigen". Und wie Huxley mit Descartes sagt, daß die immaterielle Welt eine festere sei als die materielle, so schreibt der Apostel 2 Kor. 4, 18: „Was sichtbar ist, ist vergänglich, was aber unsichtbar ist, das ist ewig." —

Es giebt nicht wenig Stellen im Neuen Testament, in welchen

von den Menschen gesagt wird, daß sie durch und in Sünde und Übertretung „tot" seien (Ephes. 2, 1. Kol. 2, 13. 1 Tim. 5, 7. Offb. 3, 1). Es bedarf nur geringer Überlegung, um zu der Erkenntnis zu kommen, daß hier von religiösem, christlichem Tod in einem sonst belebten Wesen die Rede ist.

Um diesem religiösen Tod zu entgehen, muß jeder von neuem geboren werden (Joh. 3, 5, 7f.).

Woher aber soll dies neue Leben kommen, wie soll dieser Belebungssaft gedacht werden?

Jeder Christ weiß, daß dies neue Leben nur aus Christo kommen kann. In dem Logos war das Leben, heißt es Joh. 1, 4; ferner 5, 21: „Denn wie der Vater die Toten auferwecket und macht sie lebendig, also auch der Sohn macht lebendig, welche er will" und V. 26: „Denn wie der Vater das Leben hat in ihm selbst, also hat er dem Sohne gegeben, das Leben zu haben in ihm selbst." In diesem Sinn spricht denn auch der Herr Jesus zur Samariterin am Brunnen (Joh. 4, 14): „Wer aber das Wasser trinken wird, das ich ihm gebe, den wird ewiglich nicht dürsten; sondern das Wasser, das ich ihm geben werde, das wird in ihm ein Brunnen des Wassers werden, das in das ewige Leben quillt." In demselben Sinn sagt der Herr Joh. 6, 35: „Ich bin das Brot des Lebens. Wer zu mir kommt, den wird nicht hungern, und wer an mich glaubt, der wird nimmermehr dürsten" und V. 57f.: „Wer mich isset, der wird auch leben um meinetwillen. Dies ist das Brot, das vom Himmel gekommen ist, nicht wie eure Väter haben Manna gegessen und sind gestorben. Wer dies Brot isset, der wird leben in Ewigkeit." Und kurz vorher (V. 53ff.): „Werdet ihr nicht essen das Fleisch des Menschensohnes und trinken sein Blut, so habt ihr kein Leben in euch. Wer mein Fleisch isset und trinket mein Blut, der hat das ewige Leben, und ich werde ihn am jüngsten Tage auferwecken."

Diese neue Geburt und Begeistung geschieht durch den heiligen Geist. „Der Wind bläset, wo er will, und du hörst sein Sausen wohl, aber du weißt nicht, von wannen er kommt und wohin er fährt. Also ist ein jeglicher, der aus dem Geist geboren ist" (Joh. 3, 8).

Diese Wiedergeburt durch den Geist kann aber nur in Stand und Wesen bleiben, wenn das Lebensprinzip, das Christusleben, in ihm erhalten wird. „Wer in mir bleibet und ich in ihm, der bringt viele Frucht, denn ohne mich könnt ihr nichts thun. Wer nicht in mir bleibet, der wird weggeworfen, wie ein Rebe und verdorret" (Joh. 15, 5 f.). „Wer mich liebt, der wird mein Wort halten, und mein Vater wird ihn lieben, und wir werden zu ihm kommen und Wohnung bei ihm machen" (Joh. 14, 23). Darum fordert der Apostel die Korinther auf sich zu prüfen, ob Christus in ihnen sei (2 Kor. 13, 5) und von sich selbst darf er an die Galater schreiben 2, 20: „Ich lebe aber, doch nun nicht ich, sondern Christus lebet in mir."

Seitdem W. Harvey vor etwa zwei Jahrhunderten gelehrt hat: Omne vivum ex vivo ist bis auf unsere Tage unter den Biologen gestritten worden, ob durch generatio aequivoqia, Selbstzeugung, oder durch Lebensverleihung aus Leben, Biogenesis, Leben entstehe. Die Wissenschaft scheint sich nunmehr für letztere, also dafür entschieden zu haben, daß Leben nur aus Berührung mit Leben entstehen könne. Virchow nennt jene erste Lehre eine übel beleumundete und Huxley sagt: „Der gegenwärtige Stand der Wissenschaft liefert uns kein Glied zwischen dem Lebenden und Nichtlebenden." Daher lehrt ein anderer englischer Forscher: „Alle wirkliche, wissenschaftliche Erfahrung sagt uns, daß das Leben nur aus vorhergehendem Leben entstehen kann."

Unter den Philosophen und Theologen ist weit länger und nicht minder heftig bis in die Gegenwart der Streit darüber geführt worden und wird noch geführt: Kann der natürliche Mensch allmählich aus sich immer besser werden, so daß er zu einem religiös-geistigen Wesen wird, oder muß dazu eine besondere Lebensverleihung, die Wiedergeburt kommen? Die Offenbarung lehrt das letztere, die biologische Wissenschaft kommt zu demselben Ergebnis auf ihrem Gebiete.

Diese letztere lehrt: „Keine Veränderung der Substanz, keine Modifikation der Umgebung, keine Chemie, keine Elektricität, noch irgendeine Form der Kraft, noch irgendeine Evolution vermag auch nur einem einzigen Atom des Mineralreichs Leben zu verleihen. Nur dadurch, daß eine Lebensform sich zu dieser toten Welt herabläßt, können diese leblosen Atome mit den Eigenschaften des Lebens begabt werden; ohne diese vorherige Berührung mit dem Leben bleiben sie für immer in der anorganischen Sphäre." „Da es keinen Übergang von einem Reiche zum andern giebt, sei es aus dem Anorganischen ins Organische, oder vom Organischen ins Geistige, so ist die Dazwischenkunft des Lebens eine wissenschaftliche Notwendigkeit, wenn ein Stein, oder eine Pflanze, oder ein Tier, oder ein Mensch von einer niedrigeren in eine höhere Sphäre übergehen soll."

Wie nun der Mensch beim Mineral nichts erfahren kann über das organische Reich, so auch beim natürlichen Menschen nichts über den religiösen, denn „der natürliche Mensch vernimmt nichts vom Reich Gottes, es ist ihm eine Thorheit" (1 Kor. 2, 19).

Wer sich über das organische Reich belehren will, muß bei der Biologie anfragen, wer über das himmlische Reich bei der Offenbarung. Wie sich die Pflanze vom Stein scheidet, so der christliche Mensch vom natürlichen; was jene von einander scheidet ist das natürliche Leben, was diese ist das Christusleben. Wie das Pflanzenleben in der Pflanze ist, so das Christusleben im einzelnen Christen. „Diese Lokalisierung des Lebens in den Einzelnen ist gerade der Punkt, in welchem die Lebenskraft von den übrigen Naturkräften, wie z. B. dem Magnetismus und der Elektricität sich unterscheidet." Das Leben kann man nicht wie diese geben und wiedernehmen, es ist nicht „heimatlos". Die Lehren von der Erhaltung und Verwandlung der Kraft gelten also nicht von der Lebenskraft. Was diese nun ist, lehrt die Wissenschaft nicht, was aber die christliche Lebenskraft sei, lehrt die Offenbarung.

Wenn nun die Philosophen fragen: Warum soll ein tugendhafter Mensch nicht immer besser werden, bis er ein frommer Christ wird? so erheben die Biologen die Gegenfrage: Warum sollte ein Stein nicht immer lebendiger werden bis er eine Pflanze, oder ein Tier und zuletzt ein Mensch wird?

Drummond ist nun noch weiter in die Einzelheiten eingegangen und lehrt: Von der Entstehung des Lebens wie von der Wiedergeburt gilt dreierlei: 1) das neue Leben kommt plötzlich; 2) unbeobachtet; 3) es entwickelt sich allmählich.

Das neue Leben kommt wie in der Natur plötzlich, es kann bei der Wiedergeburt bewußt und unbewußt kommen; es kommt unsichtbar; man weiß nicht von wannen es kommt und wohin es fährt: „es kommt nicht mit äußerlichen Gebärden" (Luk. 17, 20); es entwickelt sich allmählich von kleinen Anfängen; je höher die Lebensformen sind, lehrt die Biologie, desto langsamer ist das Wachstum. „Was Wunder also, wenn die Entwickelung im Geschöpf der Ewigkeit langsam vor sich geht?"

3. Das Wachstum.

Das neue Leben muß also wachsen. Es ist bekannt, wie häufig dieses Wachsen vom Herrn selbst mit dem Samen verglichen worden; und von diesem heißt es Mark. 4, 27: „Der Same gehet auf und wächset, ohne daß er es weiß." Und gerade auf das letztere weist der Herr mehrfach hin und mahnt, sich hierin die Natur zum Vorbild zu nehmen. „Nehmet wahr der Lilien auf dem Felde, wie sie wachsen; sie arbeiten nicht, sie spinnen nicht" [1]. Daraus sollen die Menschen lernen, daß sie um das Wachsen sich nicht sorgen sollen, denn (Luk. 12, 25) „Welcher ist unter euch, ob er schon darum sorge, der da könnte eine Elle lang seiner Größe zusetzen?" (vgl. Matth. 6, 27). Damit verwandt ist das Wort des Psalmisten (92, 13): „Der Gerechte, wie die Palme grünt er, wie die Zeder auf Libanon wächst er." Aber die Möglichkeit des Wachsens ist an Voraussetzungen und Bedingungen geknüpft: „Selig sind, die hungern und dürsten nach der Gerechtigkeit, denn sie werden satt werden" (Matth. 5, 6); „Selig seid ihr, die ihr hier hungert, denn ihr sollt satt werden" (Luk 6, 21). Daher ruft denn auch der Psalmist aus (63, 2): „Es dürstet nach dir meine Seele" und (Pf. 42, 1 f.) „Wie ein Hirsch, der lechzt nach Wasserbächen, so lechzt meine Seele nach dir, o Gott; es dürstet

---

[2] Vgl. auch 1 Kor. 15, 37 ff.

meine Seele nach Gott, nach dem lebendigen Gott". Als Martha mit solchem Eifer dem Herrn diente und sie diesen bat, die scheinbar müßige Schwester auch dazu anzutreiben, antwortete ihr der Herr bekanntlich: „Maria hat das gute Teil erwählet; Martha, Martha, du hast viel Sorge und Mühe". Und wie wird des Herrn Mutter dargestellt? Als sie der Engel als Gottesmutter begrüßt hat, spricht sie: „Siehe, ich bin des Herrn Magd, mir geschehe wie du gesagt hast". Und als Jesus im Tempel gefunden worden und jene denkwürdigen Worte ausgesprochen hatte, heißt es: „Und seine Mutter behielt alle diese Worte in ihrem Herzen". Diese Stille des Gemüts ist eben die Vorbedingung religiösen Wachstums. Darum der Psalmist ausruft (37, 7): „Still hoffe auf Jehova (wörtlich: schweige zu Jehova) und harre auf ihn!" (und V. 34) und Ps. 62, 2: Ja zu Gott ist still meine Seele" und V. 6: „Nur zu Gott sei still meine Seele". Die Kennzeichen des christlichen Wachstums sind also die Freiwilligkeit und das Geheimnisvolle, die biologischen Merkmale sind dieselben. Jeder Organismus wächst aus sich, aus seinem Keim; er kann nicht wachsen, wann und wie er will. Ein Mineral wächst nicht, sondern setzt am äußeren Rand an, ein Organismus wächst von seinem lebendigen Mittelpunkt aus; der Moralist nimmt zu, bleibt aber religiös tot. Der Christ wächst. „Ein Halm ist ein kleines Ding; anfangs wächst er nahe der Erde. Er wird oft beschmutzt, zerdrückt, niedergetreten; er hat aber Leben in sich. Der große, tote Stein neben ihm ist imposanter, nur wird er nie etwas anderes sein als ein Stein." Wie die Lilie auf dem Felde wächst auch der Christ; wir wissen nicht wie. Aber, mag eingeworfen werden, soll denn der Christ nichts thun? Thun und wachsen sind zwei sehr verschiedene Dinge. Das Wachsen kommt von selbst, wenn er thut, was der Herr von ihm verlangt; kein Organismus kann wachsen, wenn er außerhalb der Wachs- und Lebensbedingungen steht; kein Christ kann wachsen, wenn er außerhalb der christlichen Lebensbedingungen steht, über welche ihn die Offenbarung belehrt.

Dürsten nach dem Herrn Jesu, sich arm fühlen ohne ihn, geistlich arm sein sind die Vorbedingungen; dann aber stille sein zu dem Herrn, nicht voll Unruhe und eigener Veranstaltungen, unter deren Geräusch das Wehen des Geistes nicht vernommen werden kann, das ist erforderlich zum Wachsen-können. Des Christen Arbeit ist es, sich unter diese Lebensbedingungen zu bringen, und unter ihnen zu verharren; also dem Wirken der göttlichen Gnade stille zu halten. Wer arbeitet, um zu wachsen, beraubt sich dieser Möglichkeit, denn er verbraucht die Kräfte, die ihm zu anderem gegeben sind; wer die Sucht nach Wachsen, die Unruhe über Stillstand in demselben über sich kommen läßt, raubt sich den Frieden der Gegenwart und das Heil der Zukunft. „Ein Soldat verbringt seine Zeit nicht damit, Geld zu verdienen, um seine Rüstung zu kaufen, Speise und Gewand zu finden und Obdach zu suchen. Sein König liefert diese, damit er um so freier sei, für ihn zu kämpfen. Ebenso wird auch der Soldat des Kreuzes mit allem versehen. Seine Regierung hat es so geplant, daß er frei sein möge, die Arbeit des Königreichs zu verrichten."

Wie das Wachsen — auch des Christen — freiwillig, spontan ist, so ist es auch geheimnisvoll. „Eine Lilie wächst geheimnisvoll und schießt mit ihrem Gewicht von Stengel und Blatt trotz dem Gesetz der Schwere in die Höhe. Von geheimen und unsichtbaren Fingern zur Schönheit gestaltet, entwickelt sich die Blume, wir wissen nicht wie." Ebenso geht es mit der menschlichen Seele, die trotz der niederziehenden Schwerkraft der Sünde durch Christi Lebenstrieb zum himmlischen Lichte strebt. Beides bleibt ein Geheimnis, wäre es erklärbar, so wäre es kein Lebensvorgang; das Ansetzen beim Mineral kann man aufzeigen und erklären, die Entwickelung eines Moralisten nicht minder. Der englische Theologe Mozley[1] stellt einen solchen und einen Christen gegenüber: „Man betrachte einen gewöhnlichen Weltmann: was er denkt und thut,

---

1) University Sermons, p. 234 ff., bei Drummond, S. 116 ff.

sein ganzer Maßstab der Pflicht ist der Gesellschaft entnommen, in welcher er lebt. Er handelt also nach einem bloß entlehnten Maßstabe; gleichwohl ist er so gut wie andere Leute; er erfüllt seine Pflicht in einer Weise, die von denen, unter die sein Los ihn geworfen hat, im allgemeinen für passend und geziemend erachtet wird. — Was die ihn umgebende Welt für ehrbar, für der Mühe wert zu besitzen, vorteilhaft und gut hält, das hält auch er dafür und erstrebt es. Seine Beweggründe stammen sämmtlich aus einer sichtbaren Gegend her. Wir kennen ihn gerade so, wie wir die physischen Ursachen vieler gewöhnlichen Thatsachen kennen." Diesem Menschen, der gewiß nichts Geheimnisvolles an sich hat, stellt M. nun den anderen gegenüber. „Es giebt einen gewissen Charakter und eine gewisse Gemütsanlage, von der man in Wahrheit sagen kann: Du weißt nicht, von wannen sie kommt, oder wohin sie führt. Wenn wir einen dieser Charaktere erblicken, so fragen wir uns: Wie ist dieser Mann dazu gekommen? Hat er ihn von der ihn umgebenden Gesellschaft erlangt? Das ist ja nicht möglich, da er ganz verschieden von ihr ist. Dieser Charakter hat nichts vom großen Haufen; er ist dem einzelnen eigen; er ist nicht entlehnt, keine Abspiegelung der Mode oder des Tons der Außenwelt; er entspringt aus einer inneren Quelle und ist eine Schöpfung, von welcher der Text sagt: „Wir wissen nicht, von wannen sie kommt." Dazu bemerkt Dr. mit Recht, daß wir alle beiden Charakteren begegnet sind. Der letztere mag nicht tugendhafter sein als jener, er ist aber auf andere Art tugendhaft; er ist „zwar nicht demütiger, aber auf eine andere Art demütig und trägt den demütigen und ruhigen Geist kunstlos wie darin geboren. Die Jenseitigkeit eines solches Charakters ist das Auffallende an ihm; man ist nicht darauf gefaßt, was er zunächst thun oder sagen, oder was aus ihm werden wird; denn er bewegt sich von einem entlegenen Mittelpunkte aus, und trotz seiner Durchsichtigkeit und Sanftmut erfüllt seine Gegenwart stets mit Ehrfurcht."

4. Die Entartung.

Im Evangelium Matth. 25, 14 ff. wird das Gleichnis erzählt von dem Herrn, der bei seinem Weggange seine Knechte rief und dem einen fünf, dem anderen zwei, dem anderen ein Pfund gab — bei Luk. 19, 12 ff. giebt er den zehn Knechten zehn Pfunde —. Der Knecht vergräbt das eine Pfund und erwirbt nichts mit ihm; deshalb läßt ihn der Herr bei der Wiederkehr hart an und fordert die anderen Knechte auf, ihm das seine zu nehmen und dem zu geben, der zehn Pfunde erworben hat, "Denn wer da hat, dem wird gegeben werden und wird die Fülle haben, wer aber nicht hat, dem wird auch, das er hat, genommen werden". Und der letztere Spruch wird — außer Luk. 19, 26 am Ende des Gleichnisses — auch isoliert von letzterem von dem Herrn angewandt Luk. 8, 18. Mark. 4, 25. Matth. 13, 12; der Herr legt also einen besonderen Nachdruck auf denselben. In ähnlichem Zusammenhang ruft der Herr den Zuhörern häufig zu: "Wer Ohren hat zu hören, der höre"; dann klagt er wieder: "Mit sehenden Augen sehen sie nicht und mit hörenden Ohren hören sie nicht" (Matth. 13, 13 ff.). Und auch sonst klagt der Herr, daß sie Ohren hätten und hörten nicht, und Augen und sähen nicht. In den Seeen der Mammuthhöhle in Kentucky wohnen kleine Crustaceeen mit ganz weißem Körper, nur die beiden dunklen Augenpunkte unterbrechen die Bleiche. Diese Augen sind aber in Wirklichkeit keine. Denn nur der Vorderteil des Auges ist vorhanden; der Gesichtsnerv ist verschrumpft; diese Tiere haben Augen, aber sie sehen nicht. Ferner giebt es Fische, welche in dunklen Höhlen wohnen, also die Augen nicht brauchen. Die Natur, welche eine weise Sparerin ist, hat sie ihnen genommen, da sie bei ihrer Lebensweise überflüssig wurden, ähnlich verhält es sich mit dem Maulwurf und anderen Erdwühlern. „Und genau so müssen die Augen der Seele durch ein einfaches Naturgesetz ihre Kraft verlieren und sterben, wenn sie es vorzieht, in der Dunkelheit eher als im Lichte zu wandeln." Auch ihnen wird das wenige genommen, was sie haben. Gartenerdbeeren und Rosen, lange ungepflegt, werden wieder zu den kleinen wilden Erdbeeren und zu den Hundsrosen der Hecken. „Und wenn wir einen Vogel vernachlässigen, so wird er nach demselben gebieterischen Gesetz allmählich in einen häßlicheren verwandelt werden. Ebenso fast mit jedem Haustier, das wir vernachlässigen: es würde rasch wieder zu seiner ursprünglichen Wildheit und Wertlosigkeit zurückkehren"[1]). Demselben Gesetz ist der Mensch unterworfen. Vernachlässigt er Körper, Geist, sittliche und religiöse Anlage, so verwildern sie.

Die Biologie lehrt, daß es drei Lebensmöglichkeiten giebt: Gleichgewicht, Vervollkommnung und Entartung. Thatsächlich giebt es aber nur zwei, nämlich Vervollkommnung oder Entartung[2]). Denn der Zustand des Gleichgewichts kommt thatsächlich nur als Durchgangspunkt zu einem der beiden anderen vor. Wie in allen Lebewesen, den oben angeführten Beispielen entsprechend, „das Prinzip der Rückkehr zum Typus" als Naturgesetz niederziehend wirkt, so liegt auch seit dem Sündenfall — wie die biblische Seelenlehre beweist — in der Seele des Menschen die niederziehende Macht des Fleisches, der Sünde, auch in der Seele des

---

1) Vgl. Darwins Versuch mit den Tauben bei Drummond S. 81 f.
2) Eingehender belegt diese Thatsache Dahl, Die Notwendigkeit der Religion. Heidelberg, 1886. S. 25 ff.

wiedergeborenen Menschen. Wer nicht beständig unter der Macht des Christuslebens, des heiligen Geistes lebt und zur Vervollkommnung wächst, der fällt wieder zurück in den niedrigen Sündenstand. Die Christusmacht ist das einzige Gegengift gegen das Gift der Fleisch- und Sündenmacht. „Wenn wir jemanden vom Dache eines fünfstöckigen Hauses fallen sehen, so sagen wir: dieser Mensch ist verloren, und zwar ehe er noch einen Fuß tief heruntergefallen ist; denn dasselbe Prinzip, das ihn den einen Fuß fallen ließ, wird ihn unzweifelhaft auch noch die übrigen 80 oder 90 herunterfallen lassen, sobaß er schon vom ersten an tot oder verloren ist. Die Gravitation der Sünde in einer menschlichen Seele wirkt genau in derselben Weise." Wie in dem sündigen Menschen das Prinzip des Todes in Sünden liegt, so liegt auch in den Organismen ein Gesetz des Todes. Hat die Pflanze nicht mehr die Kraft, sich Sonne, Luft und Regen zunutz zu machen, so sind es gerade diese, welche ihr den Tod bringen: die Sonne vertrocknet sie, Luft und Regen machen sie faulen. „Das Leben ist also lediglich ein Aufheben dieser zerstörenden Kräfte", deshalb sagt Huxley: das Leben ist „die Gesamtsumme der Kräfte, die dem Tode widerstehen." Ebenso ist das religiöse Leben die Gesamtsumme „der Funktionen, welche der Sünde widerstehen." Darum heißt die Sünde in der Schrift der Tod; und die Seele, welche sündigt, muß sterben. Die Seele, welche im Sündendunkel lebt, schrumpft ein, wird nutzlos. Wer nicht säet, kann auch nicht ernten. Wer seine Organe nicht gebraucht, dem antwortet die Natur dadurch, daß sie sie unwirksam macht, sie duldet keine Verschwendung, keine Vernachlässigung; darin läge eine Gefahr für alle, denn Entartung erzeugt Entartung. Wer seine religiösen Augen und Ohren nicht übt, sieht und hört nichts, wie die Atheisten und Materialisten; wer die Stimme des Hirten nicht versteht, geht in Irre und Tod. Wer seinen christlichen Charakter nicht zu Kraft bringt, kann den göttlichen Lebenszweck nicht erreichen. Wenn das Salz dumm wird, womit soll man salzen? Wenn nicht die Kraft des Herrn in uns wirken kann, wie sollen wir seine „Mitarbeiter" sein? Der Knecht, der die zehn Pfunde dem zurückkehrenden Herrn vorweisen konnte, erhält auch noch das eine des Schalksknechts, des Dutzendmenschen, der seine himmlische Gabe ins Dunkel brachte. Freilich darf der Knecht mit den zehn Pfunden die Mahnung nicht vergessen: „Welchem viel gegeben ist, bei dem wird man viel suchen; und welchem viel befohlen ist, von dem wird man viel fordern" (Luk. 12, 48). —

5. Die Umgebung.

In einem schönen Gleichnisse, welches uns Joh. 15, 1 ff. berichtet, hat der Heiland Gott den Vater mit einem Weingärtner, sich selbst mit einem Weinstock, die Gläubigen mit den einzelnen Reben verglichen. "Gleichwie", heißt es V. 4 ff., "der Rebe kann keine Frucht bringen von sich selber, er bleibe denn am Weinstock, also auch ihr nicht, ihr bleibet denn in mir. Ich bin der Weinstock, ihr seid die Reben. Wer in mir bleibt und ich in ihm, der trägt viele Frucht, denn ohne mich könnt ihr nichts thun. Wer nicht in mir bleibet, der wird weggeworfen wie ein Rebe und verdorrt, und man sammelt sie und wirft sie ins Feuer und muß brennen. So ihr in mir bleibet und meine Werke in euch bleiben, werdet ihr bitten was ihr wollt, und es wird euch widerfahren."

Die Erklärung dieses Gleichnisses hat der schrift- und welterfahrene Andrew Murray zum Gegenstand einer Schrift [1]) gemacht, welche den Gleichnisgehalt nach allen Seiten hin betrachtet und ausschöpft. Unbewußt streift er auch hierbei die biologische Anschauungsweise und muß sie streifen, denn der Grund des Gleichnisses ist eben biologisch. Wie der Weinberg nur gedeihen kann, wenn der Weingärtner tüchtig ist, so ist der Weinberg der Welt nur wohl

---

1) „Bleibe in Jesu", Gedanken über das selige Leben der Gemeinschaft mit dem Sohn Gottes. Übersetzt. 3. Auflage. Basel, Spittler, 1885.

bewahrt, wenn Gott der Weingärtner ist. Wie der Rebe nur tragen kann, wenn er am Weinstock bleibt, so kann der Christ nur Christ bleiben und christliche Früchte bringen, wenn er mit Christus im engsten Zusammenhange bleibt.

Auch hier wird das Verständnis dieses Verhältnisses durch die biologische Vergleichung erleichtert und vertieft. Das Leben ist wesentlich bestimmt durch Vererbung und Umgebung. Das Volk drückt diese biologischen Thatsachen sprichwörtlich so aus: „Der Apfel fällt nicht weit vom Stamm" und „Sage mir, mit wem du umgehst, und ich will dir sagen, wer du bist." Der Natur der Sache entsprechend, muß die Vererbung hier außer Betracht bleiben. Daß sich Tiere und Pflanzen ihrer Umgebung anpassen müssen, um leben zu können, ist bekannt. Veränderte Umgebung bringt physiologische Veränderungen der Organismen oder den Tod. Ja es giebt Tiere, welche ihre Farbe ihrer Umgebung anpassen, wie Seezunge und Flunder Sandfarbe, der Eisbär Eisfarbe u. s. w. annehmen. Wenn einerseits diese wenigen Beispiele die verändernde Kraft der Umgebung beweisen, so hat die Biologie anderseits festgestellt, daß die erhaltende Kraft derselben noch eine weit nachhaltigere und wirksamere ist. Die Umgebung enthält eben die Lebensbedingungen und zwar in einem solchen Maße, daß Herbert Spencer das biologische Gesetz aufgestellt hat: „Welchen Aufwand von Kraft auch ein Organismus in irgendeiner Gestalt von sich giebt, er ist das Korrelat und Äquivalent einer Kraft, die von außen in denselben hineingetragen wurde." Drummond lehrt geradezu, daß die Hälfte des Lebens in der Umgebung liegt und durch eine gewisse Empfänglichkeit des Organismus dieser entnommen und in ihn selbst übergeführt werden müsse. Wie also kein natürliches Leben bestehen kann, welches von seiner Umgebung abgeschnitten ist, wie jeder Verbrennungsprozeß auf der Verbindung mit dem umgebenden Sauerstoff beruht, so kann auch kein religiöses Leben bestehen ohne Umgebung, welche in diesem Falle Gott, Christus ist. Ohne ihn kann es kein religiöses Leben geben; und Drummond sagt mit Recht: „Der Hauptirrtum im religiösen Leben ist zu versuchen, ohne Umgebung zu leben." Wer es also versucht, ohne sein tägliches Gebetsmanna zu leben, wer es unterläßt, auch unter dem Drang der Tagesgeschäfte sich in das Gedächtnis des Herrn zu versenken und die Liebesfäden nach ihm zu spinnen, wird aus dem Stand der Unruhe, der Reue und des Kampfes nicht herauskommen; er wird religiös nicht leben können. Setzt er aber den Versuch, ohne Umgebung zu leben, beharrlich fort, so muß der religiöse Tod ebenso sicher eintreten wie der natürliche bei einem Menschen, der nicht essen, trinken oder atmen will oder kann. Es ist schon bei der Besprechung des Wachstums von einer Vorbedingung die Rede gewesen; dieselbe muß hier von neuem erwähnt werden. Um sich die Umgebung nutzbar machen zu können, bedarf der Organismus eine gewisse Empfänglichkeit für dieselbe. Wer sich gesättigt glaubt, begehrt keiner Speise. Wer sich mächtig und herrlich fühlt, ist unfähig zur Hingebung an Gott. Wer dagegen der thatsächlichen Lage entsprechend fühlt, hat das Gefühl der Ohnmacht, der Hilflosigkeit, der Armut; er hat Bedürfnis völliger Hingabe, er hat den Kindesgeist, der zu Vater und Mutter strebt. So erst kommt er zum Herrn, wenn er dürstet und lechzt nach ihm. Aber die religiöse Nahrung kann wie die natürliche nur unter gewissen Bedingungen gedeihen, der religiöse Organismus kann nur wachsen beim Stillesein. Deshalb mahnt der Prophet Jes. (30, 15) „durch Stille und Ruhe könnt ihr gerettet werden!"

Gut stellt diesen ganzen Vorgang das „Korrespondenzblatt für die Diakonissensache" 1887 Nr. 13 so dar:

„In Christo, unserem Heilande, ist Gott gleichsam klein und niedrig geworden, daß er sich ganz zu der Seele wende und liebend sich zu ihr herabbeuge. Gleich wie eine Mutter sich zu ihrem Kinde auf die Erde niederläßt und die Arme ausbreitet, um das Kind gehen zu lehren, und in dieser für sie beschwerlichen Stellung mit Freuden verharrt, oder wie ein freundlicher Lehrer zu dem unmündigen Kinde auf die Bank sich setzt, des Kindes Hand zu führen, damit es schreiben lerne, und thut, als wäre er selbst zum Kinde geworden: so thut Gott in Christo mit uns allen, mit einer jeden Seele, die ihm demütig und gläubig sich überläßt. Mit den Kleinen wird er klein, mit den Armen wird er arm, mit den Schwachen wird er schwach, ja mit den Irrenden wird er ein Irrender; denn er geht einem jeden nach, sucht ihn, leidet mit ihm und tröstet ihn, daß das scheue, erschrockene, fremd gewordene Gemüt wieder auftaue und sich fassen lerne und so die Sünde, welche von Gott scheidet, überwunden werde. In diesem engen Verkehr aber mit Gott nimmt die Seele das Wesen und die Natur wieder an, die ihr zuvor waren verloren gegangen. Gleich wie ein Holz, das ins Wasser gelegt wird, die Natur der Wassers annimmt, feucht und schwer wird von dem anderen Elemente, und wie es wiederum die Natur des Feuers annimmt, wenn man es mit der Flamme in Berührung bringt, so daß es warm wird, raucht, glüht und zu lobern anfängt, so kann kein Menschenherz mit Christo gläubig und andächtig verkehren, ohne daß Christi Natur und Wesen auf dasselbe übergeht. Diese Gottesnähe, diese Berührung des inneren Menschen durch Jesum, welche in seinem Wort und in den Sakramenten geschieht, kann gar nicht anders, als ein göttliches Wesen in dem Menschen wirken, göttliche Liebe, Erkenntnis, Kraft, wie göttlichen Haß und Abscheu wider die Sünde. Diese Gottähnlichkeit in der Gottesgemeinschaft ist das eine, was not ist."

6. Das Typusleben.

Im Evangelium Johannes wird von dem Herrn erzählt, wie er auf die Anfrage eines Jüngers antwortet: „Wer mich liebt, der wird mein Wort halten, und mein Vater wird ihn lieben, und wir werden zu ihm kommen und Wohnung bei ihm machen" (14, 23). Und an die Epheser schreibt der Apostel (3, 17), daß er bete, Christus möge in ihrem Herzen wohnen. „Das Gesetz des Geistes", heißt es im Römerbriefe 8, 2, „der da lebendig macht in Christo Jesu, hat mich frei gemacht von dem Gesetz der Sünde und des Todes", und daſ. V. 29: „Welche er zuvor versehen hat, die hat er auch verordnet, daß sie gleich sein sollen dem Ebenbilde seines Sohnes". „Ziehet den neuen Menschen an", schreibt der Apostel an die Kolosser 3, 10, „der da verneuert wird nach dem Ebenbilde dessen, der ihn geschaffen hat"; und 2 Kor. 4, 16 mahnt der Apostel: „Darum werden wir nicht müde; sondern ob unser äußerlicher Mensch verweset, so wird doch der innerliche von Tag zu Tag erneuert". Und 5, 17: „Ist jemand in Christo, so ist er eine neue Kreatur". „Denn", heißt es 1 Joh. 5, 18: „wir wissen, daß wer von Gott geboren ist, der sündiget nicht."

Es entwickelt sich in dem Wiedergeborenen ein so neues, starkes Christusleben, daß der Apostel schreibt (2 Kor. 12, 10): „Wenn ich schwach bin, so bin ich stark" und Gal. 2, 20: „Ich lebe aber, doch nun nicht ich, sondern Christus lebet in mir". So sagt denn auch der Apostel von den Gläubigen (1 Kor. 4, 15): „Ich habe euch gezeugt in Christo Jesu durch das Evangelium", und Gal. 4, 19: „Meine Kinder, welche ich wiederum mit Schmerzen zur Welt bringe, bis daß Christus in euch Gestalt gewinne".

Auch diese im wesentlichen religiös-biologischen Vorgänge erhalten durch die entsprechenden natürlich-biologischen eine gute Beleuchtung. Die Wissenschaft vom Leben lehrt, daß der materielle Punkt, von dem alles Leben ausgeht, aus einer durchsichtigen, halbflüssigen Masse, einem eiweißartigen Klümpchen, Protoplasma genannt, besteht, aus dem gleicherweise Eiche, Wurm und Mensch entstehen kann. Da also der Stoff für alle gleich ist, so muß ihm ein Etwas innewohnen, was ihn verschieden gestaltet, dieser gestaltende Künstler ist das Leben. Die Wissenschaft lehrt ferner, daß die Natur auch hierbei die Arbeitsteilung so vollkommen durchgeführt hat, daß jeder Organismus seine eigenen Künstler hat. Der eine bildet einen Wurm, der andere einen Hund, der andere einen Vogel u. s. w. Und da, wie bemerkt, der Künstler das Leben ist, so kann man von einem Vogel-, einem Hunde-, einem Wurm= ꝛc. Leben sprechen. Das unsichtbare Vogelleben ergreift den Vogelkeim und bildet ihn zu einem sichtbaren Vogel, seinem Ebenbilde. Das Naturgesetz, nach dem hier gearbeitet wird, heißt das Gesetz „der Übereinstimmung mit dem Typus". „Nach diesem Gesetz ist jedes in die Welt kommende lebende Wesen genötigt, seinem Abkömmling sein eigenes Bild aufzudrücken."

Auf obige Lehre angewandt darf gesagt werden: „Wie das Vogelleben einen Vogel, das Bild seiner selbst aufbaut, so baut das Christusleben einen Christen, das Bild seiner selbst, in dem inneren Wesen des Menschen auf. Wenn jemand Christ wird, so ist der natürliche Vorgang folgender: Der lebendige Christus tritt in seine Seele ein. Die Entwickelung beginnt; das belebende Leben ergreift die Seele, assimiliert umgebende Elemente und fängt an, sie zu bilden. Nach dem großen Gesetze der Übereinstimmung mit dem Typus nimmt dieses Bilden eine spezifische Form an. Es ist die des bildenden Künstlers selbst. Und durch das ganze Leben vollzieht sich dieser wunderbare, mystische, herrliche, doch vollkommen bestimmte Vorgang, bis daß Christus (darin) eine Gestalt gewinne." Zum genaueren Verständnis dieser biologischen Analogie beantwortet Dr. drei von ihm aufgeworfene Fragen.

1) Was entspricht dem Protoplasma in der religiösen Sphäre? „Die niedrigste oder Mineralwelt liefert in der Hauptsache das Material zum Pflanzenreich. Dieses liefert den Stoff zum Tierreich, dieses den zum Verstandesleben und dieses schließlich den zum religiösen Leben." Alle diese Stoffe sind im Vergleich zur folgenden Stufe tot; so ist es auch mit der Substanz — Gemüts-, Charakter- und sittliche Anlagen — aus denen das religiöse Leben geschaffen wird. „Wie thätig das Gemüts- oder sittliche Leben auch sein mag, vom Gesichtspunkt des anderen Lebens aus ist es tot. Es fehlt ihm nämlich jene Art von Leben, welche den Unterschied zwischen den Christen und Nichtchristen ausmacht. Es ist noch nicht aus dem Geiste geboren."

Jedes Protoplasma muß zwei Eigenschaften haben: Die Fähigkeit zum Leben und zur Bildsamkeit. Jene liegt im gegebenen Falle in der unbestreitbaren Sehnsucht nach Gott; diese zeigt sich zuerst im geringsten Grade in der Pflanze, denn die anorganische Welt kann sich immer nur in dieselbe Form und Gestalt auflösen. Das Tier ist schon weit gestaltungsfähiger als die Pflanze. „Das höchste Tier, der Mensch, ist das beweglichste, am freiesten von Routine, am empfänglichsten für Eindrücke und Veränderungen. Und wenn wir bis zum Geist und zur Seele gelangen, so finden wir diese Beweglichkeit in ihrer höchsten Entwickelung." Der menschlichen Seele kommt also die vollkommenste Bildungsfähigkeit zu.

2) Welcher Art ist das Leben, der verborgene Künstler, der es bildet?

„Gerade wie wir im Organismus drei Elemente haben: bildenden Stoff, gebildeten und das Bildungsprinzip oder Leben, so haben wir in der Seele die alte Beschaffenheit, das erneute und das umwandelnde Leben. — Wenn wir den Vogelcharakter in einem Organismus erscheinen sehen, so nehmen wir an, das Vogelleben habe daran gearbeitet; und wenn wir Übereinstimmung mit dem Typus in einem Christen wahrnehmen und überdies wissen, daß die Typusorganisation nur vom Typusleben hervorgebracht werden kann, leiht das nicht der Vermutung Stütze, daß das Typusleben an ihm gearbeitet habe? Wenn jede Wirkung eine Ursache verlangt, welche andere — als Christus — giebt es denn für den Christen?" Wenn die Wissenschaft also auch nicht behaupten kann, Christus sei das Leben der christlichen Seele, so würde sie anderseits den Beweis liefern müssen, daß Er es nicht sei!

3) Was wissen wir von dem Vorgang und dem Plan?

So wenig ein Embryo sich selbst bilden kann, so wenig ein Mensch beim Atmen, Wachsen, Verdauen ꝛc. etwas Bewußtes thut, so wenig kann er auch sein religiöses Leben gestalten. „Ohne mich könnt ihr nichts thun!" Und „Gott ist es, der in euch wirket, beides, das Wollen und Vollbringen, nach seinem Wohlgefallen"[1]. Christus also ist es, der die Seele erneuert, der sie nach seinem Bilde umgestaltet. Wie aber jeder Organismus, der nicht zum Parasit wird, sich Nahrung und Behausung schaffen muß, so muß es auch der Mensch im religiösen Leben thun. Er ist kein Werkzeug, er muß auch wirken: er soll Gott lieben und den Nächsten wie sich selbst. Und mit welchem Ernst ruft der Herr den Gläubigen zu: „Wer an mich glaubt, der wird die Werke auch thun, die ich thue, und wird größere denn diese thun!" (Joh. 14, 12).

---

[1] Vgl. die wichtigen Stellen Jer. 18, 2 ff. Röm. 9, 20 f.

Wie die Biologie lehrt, daß die Einheit des animalischen Lebens durch den Typus gesichert sei, so wird auch im Christentum die höhere Einheit der Menschen mit den Menschen, Gottes mit ihnen, Gottes mit Christo, Christi mit den Menschen gewirkt werden, denn sie sollen alle eins werden.

7. Absterben.

„Seid ihr nun", schreibt der Apostel an die Kolosser 3, 1 ff.,· „mit Christo auferstanden, so suchet was droben ist, da Christus ist, sitzend zur Rechten Gottes. Trachtet nach dem was droben ist, nicht nach dem, was auf Erden ist; denn ihr seid gestorben, und euer Leben ist verborgen mit Christo in Gott. Wenn aber Christus, euer Leben, sich offenbaren wird, dann werdet ihr auch offenbar werden mit ihm in der Herrlichkeit. So tötet nun eure Glieder, die auf Erden sind" u. s. w. Der Apostel mahnt dann abzulegen: Lüge, Bosheit, Unkeuschheit, Geiz u. s. w., die Dinge dieser Welt, in der sie auch einst zur Zeit ihres Unglaubens gewandelt haben. Wie nachdrücklich hat der Herr selbst gelehrt, daß die Unreinheit aus dem Herzen komme. (Matth. 15, 18 ff.) „Was zum Munde herausgeht, das kommt aus dem Herzen und das verunreinigt den Menschen. Denn aus dem Herzen kommen arge Gedanken, Mord, Ehebruch, Hurerei, Dieberei, falsche Zeugnisse, Lästerung. Das sind die Stücke, welche den Menschen verunreinigen. Aber mit ungewaschenen Händen essen verunreinigt den Menschen nicht." Ähnlich wie an die Kolosser schreibt der Apostel auch an die Römer 8, 10 ff.: „So Christus in euch ist, so ist der Leib zwar tot um der Sünde willen, der Geist aber ist das Leben um der Gerechtigkeit willen. So nun der Geist dessen, der Jesum von den Toten auferwecket hat, in euch wohnet, so wird auch derselbe, der Christum von den Toten auferwecket hat, eure sterblichen Leiber lebendig machen, um des willen, daß sein Geist in euch wohnet. Wo ihr nach dem Fleische lebt, so werden ihr sterben müssen; wo ihr aber durch den Geist des Fleisches Geschäfte tötet, so werdet ihr leben." Diesen Abtötungsprozeß hat der Herr selbst weiter veranschaulicht (Joh. 12, 24 f.): „Wahrlich, wahrlich ich sage euch: Es sei denn, daß das Weizenkorn in die Erde falle und ersterbe, so bleibt es allein; wo es aber erstirbt, so bringt es viele Früchte. Wer sein Leben lieb hat, der wird es verlieren, und wer sein Leben auf dieser Welt hasset, der wird es erhalten zum ewigen Leben". Ähnlich Matth. 10, 39: „Wer sein Leben findet, der wird es verlieren; und wer sein Leben verliert um meinetwillen, der wird es finden". Und Luk. 17, 33: „Wer da suchet seine Seele zu erhalten, der wird sie verlieren; und wer sie verlieren wird, der wird ihr zum Leben helfen". (Ebenso Luk. 9, 24. Mark. 8, 35.) Auch Einzelheiten über den Abtötungsprozeß lehrt der Herr selbst Matth. 5, 29 f.: „Ärgert dich dein rechtes Auge, so reiß es aus und wirf es von dir. Es ist dir besser, daß eins deiner Glieder verderbe und nicht der ganze Leib in die Hölle geworfen werde. Ärgert dich die rechte Hand, so haue sie ab und wirf sie von dir!" Ferner Matth. 18, 8 f.: „So deine Hand oder dein Fuß dich ärgert, so haue ihn ab und wirf ihn von dir. Es ist dir besser, daß du zum Leben lahm oder ein Krüppel eingehst, denn daß du zwei Hände oder zwei Füße habest und werdest in das ewige Feuer geworfen. Und so dich dein Auge ärgert, reiß es aus und wirf es von dir u. s. w." Und ebenso Mark. 9, 43, 45, 47.

Zu allem diesen ist Selbstverleugnung und Demut erforderlich. Deshalb ruft der Herr den Jünger zu Matth. 20, 26 ff.: „So jemand will unter euch gewaltig sein, der sei euer Diener; und wer da will der Vornehmste sein, der sei euer Knecht. Gleichwie des Menschen Sohn ist nicht gekommen, daß er sich dienen lasse, sondern daß er diene und gebe sein Leben zu einer Erlösung für viele". Zur Selbstverleugnung fordert der Herr aber geradezu auf, außer Mark. 8, 34 und Luk. 9, 23. Matth. 16, 24 ff.: „Will mir jemand nachfolgen, der verleugne sich selbst und nehme sein Kreuz auf sich und folge mir. Denn wer sein Leben erhalten will ꝛc. Was hilfe es dem Menschen, so er die ganze Welt gewönne und nähme doch Schaden an seiner Seele? Oder was kann der Mensch geben, damit er seine Seele wieder löse?"

Für diese Demut bietet die Schrift ein schönes Beispiel in Johannes dem Täufer, der ausruft: „Ein Mensch kann nichts nehmen, es werde ihm denn gegeben vom Himmel". Der Täufer beweist seine Selbstverleugnung und giebt uns ein Beispiel, wie wir abtöten, entfernen, einschränken sollen, was von dieser Welt ist; rufen wir also mit ihm aus: „Er muß wachsen, ich aber muß abnehmen!" (Joh. 3, 30.)

Der wiedergeborene Mensch ist nach biologischer Anschauung in zwei Umgebungen gekommen, die ganz verschieden, ja entgegengesetzte Anpassungs-Forderungen an ihn stellen. Dieser unhaltbaren Lage zu entfliehen, wäre der Tod das schnellste und wirksamste Mittel. Dieses aber ist nach Gottes Plan ausgeschlossen. Der Wiedergeborene muß also möglichst schnell und umfassend die Beziehungen zu seiner früheren Umgebung abbrechen. „Nachdem der religiöse Mensch (durch die Wiedergeburt) zum Leben übergegangen ist, muß der natürliche zunächst dazu schreiten, vom Leben zum Tode überzugehen." Es giebt nun Beziehungen zur früheren Umgebung, welche plötzlich und vollständig abgebrochen werden müssen, oder sie werden gar nicht abgebrochen; es sind dies in der Regel die Sünden, die aus bösen Begierden und Leidenschaften kommen. Gänzliche Enthaltsamkeit, z. B. bei Trunksucht wie bei allen anderen Sünden des Fleisches ist eine biologische Forderung (vgl. Matth. 5, 29 f. u. a.). Solange der Mensch noch durch einen Sündenfaden mit der früheren Umgebung zusammenhängt, behält die Sünde Kraft in ihm. Deshalb sagt die Schrift: „So jemand das ganze Gesetz hält und sündigt an

Einem, der ist es ganz schuldig". „In der ganzen natürlichen Welt braucht nur eine einzige Hauptbeziehung des Körpers außer Ordnung zu sein, um den Tod gewiß zu machen. Und derart ebenfalls ist die geheimnisvolle Einheit und gegenseitige Beziehung der Funktionen im geistigen Organismus; sodaß die Krankheit eines Gliedes das Verderben des Ganzen nach sich ziehen kann." Deshalb: Ärgert dich ꝛc.!

Da wir aber nach Gottes Willen in dieser Welt unseren Beruf zu erfüllen haben, so können wir auch nicht alle Beziehungen zu ihr abbrechen. Nur wo sie den wesentlichen Anlaß zur Sünde bietet, muß mit ihr gebrochen werden — und das ist individuell sehr verschieden. Wo die Versuchung wesentlich durch die eigene Neigung veranlaßt ist, bedarf es für den Menschen einer langen, wohlerwogenen und geschickt gehandhabten Selbstzucht. Sehr lehrreich ist, was Dr. in dieser Beziehung vorbringt (S. 160f.): „Der Unterschied zwischen einer Sünde der Trunkenheit und, sagen wir, einer des Temperaments ist der, daß im ersteren Falle das Opfer, welches sich bessern möchte, es hauptsächlich mit der Umgebung zu thun habe, im letzteren mit der Beziehung. Die Versuchung ist eine bekannte und genau bestimmte Quantität; seine Rettung liegt darin, daß er einen äußeren und materiellen Stoff meidet. (Die Umgebung ist also der versuchende Teil.) Der streitsüchtige Mensch hingegen kann mit seiner Umgebung sehr wenig anfangen. Wie sehr er auch versuchen mag, sie nach gewissen Richtungen hin zu beschränken, so wird doch immer ein weites und sich stets veränderndes Areal übrig bleiben, das seinen Zorn reizt. Kurz seine Umgebung ist eine unbeständige Quantität, und seine mühsamsten Berechnungen und Vorsichtsmaßregeln müssen oft und plötzlich fehlschlagen. Er hat es also mit der Beziehung, der natürlichen Neigung selbst zu thun, und dies, wie er wohl weiß, verlangt eine lange und demütigende Zucht. Der Fall ist jetzt durchaus kein chirurgischer, sondern ein ärztlicher, und das Messer nützt hier ebenso wenig wie bei einem Fieber. Ein besonderes Reizmittel hat seine Adern vergiftet, und die scharfen Säfte, die über der ganzen Oberfläche seines Lebens ausbrechen, lassen sich nur durch ein allmähliches Versüßen des inneren Geistes unterdrücken."

Dr. führt sodann ein andere Analogie an.

„Die Verstümmelung eines Gliedes z. B. findet ihr Analogon in der Gartenarbeit des Beschneidens, deren Zweck es ist, das Leben von einem unnützen in einen nützlichen Kanal abzulenken. Ein Teil einer Pflanze, der vorher einen großen Teil der Kraft des ganzen Organismus für sich in Anspruch nahm, ohne jedoch einen entsprechenden Gewinn zu ergeben, wird plötzlich abgeschnitten, sodaß die Lebensvorgänge in einigen fruchtbaren Teilen rascher befördert werden können (Joh. 15, 2). Da die Kraft der Pflanze nämlich zur Bildung des bloßen Holzes verwendet wird, so muß eine Anzahl nutzloser Beziehungen abgebrochen werden, während die nützlichen bleiben dürfen. Das Absterben eines Gliedes wiederum ist auf das Gesetz der Entartung gegründet. Das nutzlose Glied wird hier nicht abgeschnitten, sondern lediglich so viel als möglich außer Gebrauch gesetzt. Dies fördert den allmählichen Verfall der Teile, und bei fortgesetzter Vernachlässigung hört es endlich auf, überhaupt eine Zuführung von Leben zu sein. So tötet ein Organismus seine Glieder."

Es giebt aber auch Beziehungen, welche weder durch plötzlichen Tod, noch durch allmähliches Abtöten, sondern, wie bemerkt, nur durch Beschränkung abgebrochen werden können. Dieses Beschränkungsverfahren ist wohl am häufigsten anzuwenden und erfordert anhaltende Selbstverleugnung. Man kann nicht Gott dienen und dem Mammon. Je mehr Beziehungen zur Welt unterhalten werden, desto weniger neue können zu Gott angeknüpft werden. Wenn wir für jene Beziehungen diese eintauschen, so haben wir einen unendlich günstigen Tausch gemacht, denn wir haben Leben für Tod eingetauscht. Ohne jene selbstverleugnende Beschränkung können wir nicht zu religiöser Lebenskraft gelangen; gegen die hergebrachte Zersplitterung hilft nur die religiöse Konzentration durch Selbstverleugnung. Bleibt die Seele in jener und jagt dem Trödel dieser Welt nach, so verliert sie das wahre Leben, sie findet den Tod, indem sie das vermeintliche Leben sucht. Ein Herz, das von jener Weltliebe erfüllt ist, kann nicht Gott lieben und den Nächsten wie sich selbst. „Wer aber seine Stellung genommen, eine scharfe und tiefe Grenzlinie um sein religiöses Leben gezogen und alles jenseits derselben als für ihn für immer verbotenen Boden abgesteckt hat, der findet das Joch und die Bürde leicht, denn diese verbotene Umgebung wird schließlich wie nicht vorhanden. Da seine Fähigkeiten außer Beziehung zu ihr geraten, so verlieren sie allmählich ihre Empfindungen dafür, und der Balsam des Todes, der sein niederes Wesen erstarrt, befreit ihn für die kaum gestörte Gemeinschaft mit einem höheren Leben. So heißt sterben selbst hier Gewinn!" —

8. Der Parasitismus.

Die christliche Religion ist eine im höchsten und edelsten Sinn thätige. Wer da glaubt auf dem Lorbeer vermeintlich guter Werke oder dem Lager eines vermeintlichen guten Glaubens ausruhen zu können, befindet sich schon nicht mehr auf dem Boden des Christentums. Hören wir die Schrift! In der Bergpredigt (Matth. 5, 14 ff.) spricht der Herr: „Ihr seid das Licht der Welt. Es mag die Stadt, die auf einem Berg liegt, nicht verborgen sein. Man zündet auch nicht ein Licht an und setzt es unter den Scheffel, sondern auf einen Leuchter, so leuchtet es dann allen, die im Hause sind. Also lasset euer Licht leuchten vor den Leuten, daß sie eure guten Werke sehen und euren Vater im Himmel preisen." Und Kapitel 7, 12 heißt es: „Alles nun, was ihr wollt, daß euch die Leute thun sollen, das thut ihr ihnen!" An anderen Stellen warnt der Herr vor dem Lässigwerden, wie Luk. 18, 1 ff. durch das Gleichnis von dem Richter und der Witwe. Nur so können sie Früchte tragen. „An ihren Früchten", heißt es in der Bergpredigt (Matth. 7, 16 ff.), „sollt ihr sie erkennen. Kann man auch Trauben lesen von den Dornen, oder Feigen von den Disteln? Also ein jeglicher guter Baum bringt gute Früchte, aber ein fauler Baum bringet arge Früchte. Ein jeglicher Baum, der nicht gute Früchte bringet, wird abgehauen und ins Feuer geworfen." (Ebenso Luk. 6, 44.) Deshalb ruft der

Apostel den Römern zu (12, 11 ff.): "Seid nicht träge was ihr thun sollt. Seid fröhlich in Hoffnung, geduldig in Trübsal, haltet an am Gebet. Nehmet euch der Heiligen Notdurft an. Herberget gerne. Freut euch mit den Fröhlichen und weint mit den Weinenden. So deinen Feind hungert, so speise ihn, dürstet ihn, so tränke ihn. Laß dich nicht das Böse überwinden, sondern überwinde das Böse mit Gutem!" "Haltet an am Gebet", schreibt er den Kolossern 4, 2, "und wachet in demselben mit Danksagung!" Desgleichen 1 Thess. 5, 6. 11. 14 ff. 21: "So lasset uns nicht schlafen wie die anderen, sondern lasset uns wachen und nüchtern sein. Darum ermahnet euch unter einander und bauet einer den anderen, wie ihr denn thut. Wir ermahnen euch aber, liebe Brüder, vermahnet die Ungezogenen, tröstet die Kleinmütigen, traget die Schwachen, seid geduldig gegen jedermann. Sehet zu, daß niemand Böses mit Bösem vergelte, sondern allezeit jaget dem Guten nach. Prüfet alles und das Beste behaltet." Weiter lehrt der Herr in dem Evangelium (Mark. 13, 33. 37) "Sehet zu, wachet und betet, denn ihr wißt nicht, wann es Zeit ist. Was ich aber euch sage, sage ich allen: Wachet!" Luk. 21, 34. 36: "Hütet euch, daß eure Herzen nicht beschweret werden mit Fressen und Saufen und mit Sorgen der Nahrung. So seid nun wacker allezeit und betet!" und 12, 35. 37: "Lasset eure Lenden umgürtet sein und eure Lichter brennen. Selig sind die Knechte, die der Herr, so er kommt, wachend findet." (Ebenso Matth. 24, 42; 25, 13). Und im Seelenkampf zu Gethsemane spricht der Herr zu Paulus: "Könnet ihr denn nicht eine Stunde mit mir wachen? Wachet und betet, daß ihr nicht in Anfechtung fallet!" Deshalb sendet der Apostel an die Römer 14, 12 die Mahnung: "So wird nun ein jeglicher für sich selbst Gott Rechenschaft geben!" und der Herr lehrt Matth. 12, 36: "Ich sage euch aber, daß die Menschen müssen Rechenschaft geben am jüngsten Gericht von einem jeglichen unnützen Wort, das sie geredet haben."

Im Christentum also gilt es: arbeiten, wachen, Früchte

tragen! Träges Ruheleben und Schmarotzertum führen ins ewige Verderben.

Die biologische Wissenschaft beleuchtet auch diesen Teil christlicher Lehre und christlichen Lebens in dem Kapitel vom Parasitismus. Wie es im Christentum Leute giebt, die nichts thun, oder es nur halb thun, oder gut anfangen und dann der Unthätigkeit anheimfallen, so giebt es auch im natürlichen Leben Ganz- und Halb-Parasiten und selbst Organismen, die nach halber Thätigkeit als Parasiten endigen. Drummond hat hierfür reichliche Beispiele gebracht [1]) und gezeigt, wie die Natur den Parasitismus, „eins der schwersten Verbrechen der Natur", mit den härtesten Strafen belegt, weil diese Entartung das Vervollkommnungsgesetz verletzt. Die Parasiten verwirken „ihren Platz in der Stufenfolge der Organismen". Wer nicht thut nach dem Wort: „Schaffet, daß ihr selig werdet mit Furcht und Zittern", verfällt dem religiösen Schmarotzertum. Wer sich in dem Schoße seiner Kirche birgt, diese für seine Seligkeit sorgen läßt; wer sich in die Glaubenssätze versteckt und sich durch diese gedeckt glaubt; wer sich allsonntäglich etwas vorpredigen läßt, ohne mit und an sich selbst zu arbeiten — „Parasiten des Kirchenstuhls" nennt Drummond solche Leute — wer gedankenlos die Liturgieen mitmacht und an sich ohne Mitarbeiten seelsorgen läßt, gehört unter die religiösen Parasiten und verfällt dem Verderben. „Eine nach der anderen werden die Muskeln der Seele aus Mangel an Übung schwach und schlaff, eine nach der anderen hören die sittlichen Thätigkeiten auf. So wird dem, der nicht hat, das genommen was er hat und nach wenigen Jahren bleibt nichts übrig, was selig werden könnte." Was ein Organismus ist, hängt davon ab was er thut. So ist es auch im religiösen Leben. Es ist eine Lehre des Evangeliums, daß wer die persönliche Forschung nach der Wahrheit aufgiebt, diese selbst aufgiebt. Und nur auf ihr beruht der thätige

---

1) S. 265 ff.

Glaube; was auf bloßer Annahme und Meinung beruht, ist kein Glaube, sondern Leichtgläubigkeit. Ohne Kampf kein Glaube! Das Evangelium verlangt, daß jeder die Verantwortung für sich selbst trage, es giebt keine Autorität, die sie für ihn tragen könnte. Auch nicht die Heilige Schrift? Wie die Natur zwar den Menschen die Nahrung reicht, aber nicht so, daß sie nichts zu thun brauchen, um sie sich anzueignen und zuzuführen; so ist es auch mit der religiösen Wahrheit, sie muß erarbeitet werden. „Obgleich die Bibel unfehlbar ist, so hat diese Unfehlbarkeit doch keine solche Gestalt, daß sie zur Versuchung werden könnte. Die Wahrheit in der Bibel ist eine Quelle. Sie ist eine als Flüssigkeit verbreitete Nahrung, so verbreitet, daß sich niemand mit der bloßen Form abspeisen kann. Man erlangt sie nicht durch Denken, sondern durch Handeln. Man kann sie sehen, erkennen, aber nicht beweisen. Man kann sie nicht im ganzen verschlingen, sondern sie muß langsam in System aufgenommen werden. Ihre Unbestimmtheit für den bloßen Verstand, ihre Weigerung, in leicht tragbare Phrasen gepackt zu werden, ihre befriedigende Nichtbefriedigung, ihre weite Atmosphäre, die Thatsache, daß sie uns auffindet und in mystischer Weise festhält, dies sind die Zeichen ihrer Unendlichkeit."

Also keine träge Ruhe unter christlichem Gewande, kein entnervender Parasitismus unter kirchlichen Formen! Seid männlich und seid stark! Wachet und betet! Wirket, solange es Tag ist!

III.
Die biblische Pädagogik.

1. Voraussetzungen.

Auch hier ist von der Voraussetzung auszugehen, daß die Heilige Schrift eine im wesentlichen einheitliche ist, daß sie, wie Beck[1]) sagte, ein ebenso vollständig entfaltetes als fest geeintes „Lebenssystem" ist, ein Organismus wie die Natur, in den man sich nur mit derselben Innigkeit hineinarbeiten und -leben muß, wie die Naturforscher in den Organismus der Natur.

Daß die Heilige Schrift ausreichendes pädagogisches Material liefert, werden auch oberflächliche Leser derselben nicht bestreiten. Die nachfolgende Zusammenstellung wird allenfallsigen Zweifeln begegnen können.

1) Becks Leben. Basel, 1888. S. 137 und 141.

2. Der Zweck und die Ziele der Erziehung.

Da der Mensch nach und zu dem Bilde Gottes von Gott geschaffen ist, so ist sein Zweck offenbar der der Gottesbildlichkeit. Die Möglichkeit, diese zu erreichen, hat sich der Mensch durch den Sündenfall abgeschnitten. Was von jener zu erreichen ist, kann nach dem letzteren nur durch die Annahme besonderer göttlicher Offenbarungen im Glauben (Hebr. 11, 3 ff.) und durch die Gnade Gottes in seinem eingeborenen Sohne und dem heiligen Geiste erlangt werden.

Die grundsätzliche Forderung der Gottesbildlichkeit wird ausgesprochen 3 Mof. 19, 2: „Ihr sollt heilig sein, denn ich bin heilig!" (vgl. 1 Petr. 1, 15 f. 1 Theff. 4, 3 f. Joh. 17, 19.) Ausführungsbestimmungen hierzu bietet die Schrift in sehr großer Zahl; zunächst einige im allgemeinen. Die ganzen Schriftgebote sind, lehrt der Heiland selbst Matth. 22, 37 ff., in den beiden Forderungen begriffen: „Du sollst Gott deinen Herrn lieben von ganzem Herzen, von ganzer Seele und von ganzem Gemüt. Du sollst deinen Nächsten lieben als dich selbst!" Und der Prophet Micha 6, 8 spricht: „Es ist dir ja gesagt, Mensch, was gut ist und der Herr

---

1) Da die Heiligung nur durch den Geist, bezw. die Wiedergeburt mit Erfolg erstrebt werden kann, so könnte als nächstes Ziel der christlichen Erziehung die Wiedergeburt bezeichnet werden. Dies wird im letzten Abschnitt weiter dargelegt.

von dir fordert: Recht zu üben und Milde zu lieben und demütig zu wandeln vor deinem Gott." Der Apostel Paulus schreibt 1 Tim. 1, 5: „Die Hauptsumme der Gebote ist Liebe von reinem Herzen und gutem Gewissen und von ungefärbtem Glauben"; und 2 Tim. 3, 17 wird als Ziel der göttlichen Erziehung angegeben, „daß ein Mensch Gottes vollkommen sei und zu jedem guten Werke geschickt". Petrus seinerseits ermahnt 2 Petr. 1, 5 ff.: „Laßt an euch in eurem Glauben sich Tugend darstellen und mit der Tugend Erkenntnis und mit der Erkenntnis Bescheidenheit und mit der Bescheidenheit Geduld und mit der Geduld Gottseligkeit und mit der Gottseligkeit brüderliche Liebe und mit der brüderlichen Liebe allgemeine Menschenliebe." So spricht Paulus Röm. 2, 7 denen „Preis, Ehre und unvergängliches Wesen" zu, „die mit Geduld in guten Werken trachten nach dem ewigen Leben". „Alles was ihr thut mit Worten oder mit Werken, das thut von Herzen vor dem Herrn und nicht um der Menschen willen!" (Kol. 3, 17. 25.) Und ebenda V. 12 ff.: „Als die Auserwählten Gottes, die Heiligen und Geliebten, nehmt nun in euch auf herzliches Erbarmen, Freundlichkeit, Demut, Sanftmut, Geduld und jeder vertrage sich mit den anderen. Vor allem aber macht euch die Liebe zu eigen, die das Band aller Vollkommenheiten ist, und der Friede Gottes herrsche in euren Herzen u. s. w." Wer im Glauben wandelt, wandelt im Licht; „wandelt als die Kinder des Lichts; die Frucht des Geistes im Licht ist Gutes aller Art." (Eph. 5, 9) „Die Frucht des Geistes ist Liebe, Friede, Freude, Geduld, Freundlichkeit, Gütigkeit, Glaube, Sanftmut, Keuschheit." (Gal. 5, 22.) Eingehender stellt Paulus christliches Leben und Wirken dar Röm. 12, 8 ff.: „Giebt jemand, so gebe er einfältiglich; übt jemand Barmherzigkeit, so thue er's mit Lust u. s. w."; sowie 2 Kor. 6, 3 ff. Von besonderem Werte aber sind die Lehren, welche uns der Herr hierüber selbst in der Bergpredigt erteilt Matth. Kap. 5—7. Zunächst giebt der Herr eine Charakteristik der Bürger des Reiches Gottes 5, 3—16; das oberste Gebot, gleichsam die Aufnahmebedingung in das Reich ist die geistige Armut, d. h. die Demut, die sich zerknirscht und reumütig an die Brust schlägt wie der Zöllner (vgl. auch Matth. 20, 26 ff.; 23, 11 f. Luk. 14, 11. Joh. 13, 14 f. 1 Kor. 4, 6. Jak. 4, 10). Sodann weist der Herr auf die anderen Eigenschaften hin, welche die Bürger des Reiches Gottes auszeichnen: Sanftmut, Trauer über der Welt Sündenelend, Sehnsucht nach dem Wort Gottes, Barmherzigkeit, Herzensreinheit, Friedfertigkeit. Sie werden das Salz der Erde, das Licht der Welt sein, und sie werden die Kraft des Gotteswortes beweisen und der Welt die guten Werke zeigen, die ihr lebendiger Glaube bewirkt. Im folgenden Teil der Bergpredigt 5, 17—48 zeigt der Herr, wie die Christen die Gebote viel tiefer fassen und erfüllen als die Pharisäer; 6, 1—18 stellt der Herr sodann dar, wie es nicht auf die Erfüllung der Gesetzesworte an sich ankommt, wie Almosengeben, Beten und Fasten, sondern auf die Gesinnung Gott gegenüber. Im folgenden Teil 6, 19—7, 12 zeigt der Herr, daß der wahre Christ keine irdischen Schätze sammelt, sondern nur himmlische, wie Gerechtigkeit, Gottseligkeit, Glaube, Liebe, Geduld, Sanftmut; daß er nicht um des Leibes Nahrung und Notdurft sorgt, denn solche Sorgen machen sich zu seinem Herrn; ferner, daß er nicht über seinen Bruder zu Gericht sitzt, sondern für sich und ihn zum Herrn des Reiches betet. Zum Schluß 7, 13—27 weist der Herr noch einmal auf die enge Pforte, die Demut und geistige Armut hin, durch welche in Gottes Reich eingetreten werde, und auf den schmalen Weg der Selbverleugnung, auf welchem fortgeschritten werden muß. Zuletzt warnt der Herr vor den falschen Propheten, welche den Menschen nach dem Munde reden, sowie vor dem eigenen falschen Herzen, das ein gefährlicherer Feind ist als jene Propheten. Christliche Worte machen ist kein Christentum, sondern Scheinheiligkeit; aber auch die Werke taugen nichts, die aus Eigenliebe kommen, sie müssen vielmehr aus der Gottesliebe kommen (1 Kor. 13, 3). Der kluge Mann gründet also sein Haus auf den Felsen Christus, damit die Stürme und Fluten des Gottesgerichts, der Trübsal, Anfechtungen, Krankheit und Tod ihm seinen Bau nicht vernichten. Dieser kluge Mann ist der wahre Christ.

Als die wesentlich christliche Eigenschaft wird überall in der Lehre des Herrn und der Apostel die Liebe bezeichnet. So sagt der Herr Joh. 13, 34: "Ein neu Gebot gebe ich euch, daß ihr euch unter einander liebet, wie ich euch geliebet habe". Diese Liebe soll das Kennzeichen ihres Christentums sein (V. 35). Diese Liebe ist aber nicht bloß die der Christen unter einander, sondern auch die zu Jesu und Gott; diese Liebe kann nur haben, wer des Herrn Gebote hält (Joh. 14, 15. 21). Diese Gebote aber sind nicht die des Gesetzes, sondern der Gottesliebe, zu der wir durch den Glauben kommen. Wie der Glaube also die Voraussetzung der Liebe ist (Gal. 5, 6), so ist er auch die Grundlage der Hoffnung auf die Seligkeit (Hebr. 11, 1). Diese bewirkt dann die Freude, und wer in Christus bleibt, bleibt in seiner Freude (Joh. 15, 9 ff. 17, 13). Wer Gott und den Herrn Jesum liebt, dem dienen alle Dinge zum besten (Röm. 8, 28), denn die Liebe ist das Band aller Vollkommenheiten (Kol. 3, 14). Dies weist der Apostel im einzelnen nach in dem berühmten dreizehnten Kapitel des ersten Korintherbriefes. Von dieser Liebe aber kann der Gläubige durch nichts geschieden werden (Röm. 8, 38 f.).

Gal. 5, 22 (s. o.) hat der Apostel gelehrt, daß die Liebe eine Frucht des Geistes, d. h. des heiligen Geistes ist (vgl. auch Röm. 5, 5). Er nennt als die weiteren Früchte des Geistes: Freude (vgl. oben), Friede (Joh. 14, 27; 16, 33. Röm. 14, 17; 15, 13. Eph. 4, 3), Geduld (Joh. 10, 36. Jak. 1, 3 f.; 5, 7 ff.); die "Geduld aber bringet Erfahrung, Erfahrung aber bringet Hoffnung" (Röm. 5, 4; 8, 25); die Hoffnung aber geht "auf ein unvergängliches und unbeflecktes und unverwelkliches Erbteil, das im Himmel aufgehoben wird" (1 Petr. 1, 4), Freundlichkeit (Kol. 4, 6. 2 Tim. 2, 24), Fröhlichkeit (1 Theff. 5, 4 ff.), Gütigkeit (Eph. 5, 9. 2 Theff. 1, 11. Röm. 15, 14), Versöhnlichkeit (Matth. 18, 15 ff.

21 ff. Kol. 3, 13), Sanftmut (Gal. 6, 17. Eph. 4, 2), Milde (1 Petr. 2, 4. Phil. 4, 5), Stille (1 Theff. 4, 11. 2 Theff. 3, 11 ff.). Aber feft muß das Herz doch sein (Hebr. 13, 10. Jak. 4, 8); Keuschheit, Dankbarkeit, Gerechtigkeit, Weisheit, welche ist „heilig, friedliebend, mild, nachgiebig, voll Barmherzigkeit und Wohlthätigkeit, gegen jedermann wohlgesinnt, ohne Heuchelei" (Jak. 3, 13 bis 18), Genügsamkeit (1 Tim. 6, 6—8), Freigebigkeit (2 Kor. 9, 7), Dienstfertigkeit in Demut (Phil. 2, 3 f.), Unparteilichkeit (Jak. 2, 1. 9), Fürbitte (1 Theff. 5, 25. Jak. 5, 14 ff.), Treue, insbesondere Berufstreue (2 Petr. 2, 21. 1 Petr. 4, 11), schlichte Wahrhaftigkeit (1 Petr. 3, 10. Jak. 1, 26. 3, 5 ff.), Selbstverantwortung (Röm. 14, 12. 23 f. 1 Kor. 7, 17. 2 Kor. 1, 12. Gal. 6, 4 f.), Kindessinn (Matth. 18, 2 ff. 10. 14; 19, 13), aber Klugheit wie die Weltkinder (Matth. 10, 16; 25, 11 ff. Luk. 16, 8). „Wer aber Gott liebt, der wird von ihm zur Erkenntnis geführt" (1 Kor. 8, 3), das zeigt uns der Herr selbst (Matth. 12, 25 ff; 22, 17 ff. 36 ff. 42 ff. Joh. 8, 7 ff.). Gottesnähe (Jak. 4, 8), frei von weltlichen Sorgen (1 Petr. 5, 7), aber in göttlicher Traurigkeit (2 Kor. 7, 10 f.), Weissagen (1 Kor. 14, 1 ff. 22 ff.). So wird erlangt: die herrliche Freiheit der Kinder Gottes. „Welche der Geist Gottes treibt, die sind Gottes Kinder". Diese sind nicht mehr Knechte des Irdischen, sondern Kinder des Himmlischen; der Geist, der Herr, die Wahrheit hat sie frei gemacht „von dem Dienst des vergänglichen Wesens"; so sind sie erhoben worden zur „herrlichen Freiheit der Kinder Gottes" (Joh. 8, 32 ff.; 15, 14 ff. Röm. 6, 22; 8, 2. 13 ff. 21. 2 Kor. 3, 17. 1 Kor. 7, 23; 10, 29. Gal. 4, 7; 5, 25. 1 Petr. 2, 15 f. 2 Petr. 2, 19).

Die Schrift lehrt uns nun ferner, daß diese herrliche Freiheit jedem persönlich nach dem Maß seines Glaubens zugemessen wird. „Haft du den Glauben", sagt der Apostel Röm. 14, 22 f., „daß du jenes thun kannst, so habe ihn bei dir selbst vor Gott; selig ist, der sich selbst keinen Vorwurf des Gewissens macht über das, was er zur Speise nimmt. Wer aber darüber im Zweifel ist und ißt es doch, der ist schuldig, denn es geht nicht aus dem Glauben hervor. Was aber nicht aus dem Glauben hervorgeht, das ist Sünde" (vgl. Matth. 9, 14 ff.; 12, 1 ff. Gal. 2, 4 f.; 3, 1 ff. 5 f.). Jede Selbstbeschränkung der christlichen Freiheit geschieht also nach dem Glauben aus Liebe (Röm. 14, 1. 1 Kor. 10, 21 bis 32. 1 Tim. 4, 1—3. In seinem Glauben, in seiner Liebe, in dem Geiste muß jeder „in seiner Meinung gewiß" werden (Röm. 14, 5), denn er hat sich nicht bloß vor seinem Gewissen, sondern auch vor Gott zu verantworten (Gal. 6, 4. Röm. 14, 12).

Hiernach kann es im christlichen Glauben auch keine Kollision der Pflichten geben, sowie es widerchristlich ist, eine bezügliche Kasuistik aufzustellen. Gottes Wort äußert sich bestimmt genug darüber, welche Stufenfolge von Verpflichtungen für den Christen besteht.

Wenn hiernach also der heilige Geist die Grundkraft ist, welche diese herrlichen geistigen Güter in und durch die Wiedergeburt hervorbringt — und darauf wird später noch einmal zurückzukommen sein —, so ist die Liebe gleichsam eine Lebenssubstanz, von deren völliger Durchdringung die Verchristlichung des Menschen abhängt. Da Christus in uns Gestalt gewinnen soll, so muß uns sein Wesen eigen werden, sein Wesen aber ist die Liebe. Da Christi Liebe durch die Rücksicht auf Gott bestimmt ist, sowie auf das Wohlergehen der Menschen, so muß die in uns entstehende, wirkende und erstandene Liebe Christi in uns frommen Gehorsam gegen Gott und eine bereite Dienstfertigkeit gegen die Menschen wirken. Gottes- und Christusliebe gehören zusammen; dies ist das Bindeglied zwischen der Menschen- und Gottesliebe. Wenn wir nun durch Christi bezw. des Geistes Kraft aus der Liebe heraus unseren Willen dankbar nach Gottes Willen bilden, so ist für den Christen auf eine einfache Weise das Problem von der göttlichen Allwissenheit und Allmacht gegenüber dem freien Willen des Menschen gelöst: es ist nm deswillen kein prinzipieller

Widerspruch mehr zwischen göttlichem und menschlichem Willen möglich, da dann unser Wille denselben Grund, dieselbe Richtung ja Substanz hat wie der göttliche, nämlich die Liebe. Deshalb, und weil, wie sich weiter unten ergeben wird, die Selbstliebe eine Voraussetzung ja Forderung auch der Heiligen Schrift ist, gliedert sich die christliche Liebe in Gottes-, Selbst- und Nächstenliebe [1]).

Beck bestimmt die Gottesliebe mit Recht als „die im Glauben und im Geiste Jesu Christi vermittelte dankbare Erwiderung der thatsächlichen göttlichen Vater- und Sohnesliebe in Christo." Wie der Sündenfall den Menschen Scham, Furcht, Verwirrung und Unfrieden brachte, so bringt die Gottesgemeinschaft in der Liebe wieder Liebe, Freude und Friede. Deshalb sagt der Herr: „In der Welt habt ihr Angst, in mir habt ihr Frieden!" (Joh. 17, 33.) Wenn aber die Liebe weicht, so stellt sich Sehnen ein; wenn sie schweigt, redet die Furcht, denn die Sünde ist noch in uns; und solange die Sünde noch in uns und in der Welt ist, muß auch Furcht in uns und ihr sein. Wer aber in der Liebe ist, sehe zu, daß er nicht aus ihr falle. Darum warnt die Schrift vor Stolz und mahnt zur Zucht und Furcht (Röm. 11, 20. Hebr. 12, 28).

Auch den im Heidentum Lebenden spricht die Schrift die Gottesverwandtschaft nicht ab (Apg. 17, 28) und auf der Voraussetzung derselben beruht die Darstellung Hebr. 2, 6—16. So ist ja auch allen Menschen die Berechtigung zum Reden mit Gott, zum Beten zugesprochen Matth. 6, 6—9. Nicht minder entschieden wird aber auch die Berechtigung der Selbstliebe ausgesprochen, denn der Christ soll ja seinen Nächsten lieben wie sich selbst (vgl. auch Luk. 9, 25).

Es ist im ersten Abschnitt gezeigt worden, wie die von der Sinnlichkeit beherrschte Seele sich, das Selbst, in die Bande jener giebt, sodaß die Selbstliebe zur Selbstsucht wird.

---
1) J. T. Beck, Vorlesungen über christliche Ethik II, 55 ff.

Das Selbst ist an die Welt verknechtet. Das ist das falsche Ich, welches abgetötet werden muß, im Gegensatz zum wahren Ich, was belebt werden soll (Röm. 7, 22). Es ist ferner eben dort gezeigt worden, daß zu diesem Belebungs- und Verklärungsprozeß auch der Leib herangezogen werden muß (Röm. 13, 14. 1 Kor. 3, 16 f.; 6, 13. 18 ff. 1 Joh. 4, 4; 5, 23); der Sündenleib muß aber getötet werden (Röm. 6, 6). Wer da weiß, daß er der Gnade bedarf, ist demütig, er ist aber auch stolz, weil er sich zu Gott gehoben fühlt, er wird mit christlichem, mit himmlischem Standesbewußtsein erfüllt; er weiß, daß er ein Befreiter des Herrn ist (1 Kor. 7, 22). Er ist nicht knechtisch, denn die Annahme der Gnade beruht auf freiem Entschluß. Diese Freiheit, diese Unabhängigkeit darf er an nichts in der Welt hingeben, um nicht wieder in die Knechtschaft zu versinken. „Laßt euch nicht wiederum", ruft der Apostel den Galatern 5, 1 zu, „in das knechtische Joch fangen!" Diese Freiheit muß der Christ auch seinem Besitz gegenüber aufrecht erhalten (1 Kor. 7, 29 ff. f. oben und 2 Kor. 6, 10. Phil. 4, 12 f.). In dieser Freiheit sind alle Kinder Gottes gleich nach Rechten und Pflichten (Gal. 3, 26. 28). Hüten müssen sich diese vor dem Umgang mit den Weltkindern (2 Kor. 6, 14 ff. 2 Tim. 3, 5 ꝛc.), hüten müssen sie sich vor der Weisheit dieser Welt, daß sie nicht von ihr angesteckt und verschlungen werden (1 Kor. 1, 18 ff. 1 Joh. 5, 21). So mit Demut und Würde ausgerüstet haben sie am Ruhm des Herrn teil (2 Tim. 4, 7 f. ꝛc.), sie halten Maß nach ihrer Bestimmung und ihren Gaben; sie wissen ihre Kraft abzumessen und danach ihre Thätigkeit einzurichten (1 Kor. 3, 6. 10; 7, 7; 12, 14 ff. 27 ff.); sich schlechter machen, als man ist, darf schlecht und heuchlerisch genannt werden. So unentwegt sie zur Vervollkommnung fortschreiten müssen, so sehr haben sie das Wort des Apostels zu bedenken (Phil. 3, 12): „Nicht daß ich es schon ergriffen habe, oder schon vollkommen sei; ich jage ihm aber nach, ob ich es auch ergreifen möchte, nachdem ich von Christo Jesu ergriffen bin." Nicht nach der Ehre der Welt dürfen sie geizen. Darum fragt der Apostel 2 Kor. 3, 1 „Bedürfen wir, wie etliche, der Lobebriefe an euch, oder Lobebriefe von euch?" Durchaus schriftgemäß ist deshalb die „christliche Ehrenregel", die Beck aufstellt: „Ohne auf Ehre bei Menschen auszugehen, halte und benimm dich so, daß du vor Gott und sodann auch bei gewissenhaften, gottesfürchtigen und gottliebenden Menschen der Ehre wert bist, ob sie dir nun von Menschen zuteil werde oder nicht!" Trefflich faßt dann auch Beck diesen Abschnitt so zusammen, daß er als den Grundcharakter der christlichen Selbstliebe gesundes Maßhalten [1]) (sophronein) zwischen Hochmut und Selbstverachtung, zwischen Ehrsucht und Ehrlosigkeit bezeichnet. Diese Art geistiger Gesundheit ist „eine das eigene Selbst in Ordnung haltende Besonnenheit", welche nach innen hervortritt als „Zucht und Nüchternheit des Geistes", nach außen, und zwar den Genüssen gegenüber als „Genügsamkeit und Mäßigkeit", den Übeln gegenüber als „Geduld"; in allem diesen aber als Selbstbeherrschung.

Wie die natürliche Selbstliebe auf Anlage beruht, so auch die natürliche Menschenliebe. Neben dieser allgemeinen Menschenliebe giebt es aber auch spezielle Liebe zu Volk, Gemeinde, Familie, Freunden u. s. w. Wie natürliche Selbstliebe durch die Macht der Sinnlichkeit, welche das ganze Ich gefangen nimmt, zur Selbstsucht wird, so setzt sich auch im natürlichen Menschen in der Volks-, Familien- und Freundesliebe das Ich fest, es liebt sich selbst, indem es jene zu lieben glaubt oder vorgiebt. Die Volksliebe wird zu Chauvinismus, die Verwandtenliebe erzeugt Hartherzigkeit und Erbarmungslosigkeit gegen Fremde, sowie die Eifersucht.

Dem nun setzt sich das Christentum entgegen. Indem es den Begriff Menschheit erst in die Welt bringt, lehrt es, daß wir alle Geschöpfe Gottes sind, daß für alle der eingeborene Sohn

---

1) Vgl. oben S. 25.

gestorben ist, daß wir alle Brüder sind; so zwar daß wir auch unsere Feinde lieben, und segnen sollen, die uns fluchen (Matth. 5, 44 f. Luk. 6, 35 f.). Wie Gott uns durch die Hingabe seines Sohnes seine Liebe bewiesen, wie er die Welt geliebt hat, so sollen auch wir sie lieben. Die Brüder kennen, wir wie uns selbst als Gefallene, aber auch als Erlöste. Wie bei der Entwickelung und Bildung des wahren Ich, der rechten Selbstliebe, muß auch bei der Nächstenliebe alles verleugnet werden, womit die Welt zu Genuß-, Hab- und Ehrsucht verführt. „So jemand zu mir kommt und hasset nicht seinen Vater, Mutter, Weib, Kinder, Brüder, Schwestern, auch dazu sein eigenes Leben, der kann nicht mein Jünger sein" (Luk. 14, 26). Fern muß die Nächstenliebe sein von Eifer und Zanken (1 Kor. 3, 3 ff. Gal. 4, 17), denn dann ist sie selbstisch; wachsam muß sie deshalb sein vor Stolz, Neid, Eifersucht. Die höchste Stufe eben dieser Nächstenliebe ist die Liebe der Gläubigen unter einander, die christliche Bruder-liebe. „Die brüderliche Liebe unter einander sei herzlich; einer komme dem anderen mit Ehrerbietung zuvor" (Röm. 12, 10). „Machet keusch eure Seelen im Gehorsam der Wahrheit durch den Geist zu ungefärbter Bruderliebe, und habt euch unter einander brünstig lieb aus reinem Herzen!" (1 Petr. 1, 22.) Dieses einander in Liebe tragen kann nur geschehen durch das lebendige Gefühl geistiger Einheit, deshalb fordert der Apostel die Epheser auf (4, 3 f.): „Seid fleißig, zu halten die Einigkeit im Geist; Ein Leib und Ein Geist, wie ihr auch berufen seid auf einerlei Hoffnung eures Berufs." „Ihr Lieben", schreibt Johannes 1 Joh. 4, 7. 12 f., „lasset uns unter einander lieb haben, denn die Liebe ist von Gott, und wer lieb hat, der ist von Gott geboren und kennet Gott. So wir unter einander lieben, so bleibet Gott in uns, und seine Liebe ist völlig in uns. Daran erkennen wir, daß wir in ihm bleiben und er in uns, daß er uns von seinem Geist gegeben hat." Und 5, 1: „Wer da glaubet, daß Jesus sei der Christ, der ist von Gott geboren. Und wer da liebet den, der ihn geboren hat, der liebet auch den, der von ihm geboren ist." Die Gläubigen führen eben dasselbe Leben, nämlich das Christusleben. Darum müssen sie einander fördern. „Lasset uns unter einander unser selbst wahrnehmen mit Reizen zur Liebe und zu guten Werken" (Hebr. 10, 24). „Ermahnt euch unter einander ꝛc." (1 Thess. 5, 11). Aber das muß geschehen mit aller Gütigkeit, Gerechtigkeit, Wahrheit (Eph. 5, 9). Gütigkeit, Güte (agathosýnae) kommt von gut (agathos); gut ist in seiner Art vollendet; gut, sagt aber der Herr, ist nur der einige Gott; gut kann ein Mensch also nur insofern genannt werden, als er alles das zu thun bestrebt ist, was dem göttlichen Wesen entspricht; so kann er eine Quelle des Wohlbefindens, des Segens werden für alle, die mit ihm zu thun haben. Die christliche Güte, die der Apostel also für den christlichen Wandel verlangt, ist das Verhalten, welches durch die Güte Gottes bestimmt ist, deshalb heißt die Güte auch eine Frucht des Geistes. Die thätige Güte ist die allzeit bereite Dienstwillig- und Dienstfertigkeit. Der Herr selbst nimmt die Fußwaschung vor, und der Jünger ist nicht größer als der Herr (Joh. 13, 16). Es ist nicht genug, die Hungrigen, die Nackten und die in allerlei Not sind, an Gott zu weisen; was hülfe sie das, fragt Jakobus 2, 16. Vielmehr ist wohlzuthun und mitzuteilen (Hebr. 13, 16). Nicht bloß des Glaubens Genossen (Gal. 6, 10) muß geholfen werden, auch die Feinde müssen wir speisen und tränken (Röm. 12, 20). Aber wehe euch, ruft der Herr, wenn euch jedermann wohl redet (Luk. 6, 26). Schlimm ist es der Menschen Teufel, schlimmer der Menschen Gott zu sein.

Die leidende Güte ist die Friedfertigkeit, die nicht richtet (Luk. 6, 37). „Ist es möglich, so viel an euch ist, so habt mit allen Menschen Frieden" (Röm. 12, 8). Aber diese Friedfertigkeit darf nicht zur Schwachheit werden, darum mahnt der Herr (Mark. 9, 50): „Habt Salz bei euch und habt Frieden mit einander!" Und der Apostel schreibt Kol. 4, 6: „Eure Rede sei allezeit lieblich und mit Salz gewürzt, daß ihr wisset, wie ihr in jedem Falle antworten sollt!" Die Beispiele hat uns der Herr selbst gegeben (s. oben), sowie Paulus (Apg. 22, 25 f.) u. a. „Eifern ist gut", sagt derselbe Gal. 4, 18, „wenn es immerdar geschieht um das Gute." Eifern, aber nicht Zorn hegen! (Eph. 4, 26.) „Darum", sagt Jak. 1, 19, „soll jeder Mensch schnell bereit sein zu hören, langsam aber zu reden und langsam zum Zorn."

Sodann verlangt der Apostel den Wandel der Gerechtigkeit.

Seitdem der philosophische Grundsatz der Sophisten „der Mensch ist das Maß aller Dinge" das Denken der Alten beherrschte, war aus der Gerechtigkeit ein äußerlich staatlicher bezw. sozial-konventioneller Begriff geworden. Für die biblische, die christliche Gerechtigkeit ist Gott das Maß; diese gottbildliche Gerechtigkeit kann niemand haben, er kann sie nur erstreben; er kann kraft des heiligen Geistes, der ihm im Glauben zugekommen ist, dem nahe kommen, was die Ebenbildlichkeit ihm vor Aug' und Herz stellt. Insofern jene göttliche Norm in der Heiligkeit sich zusammenfaßt, ist diese die Voraussetzung der Gerechtigkeit, und die vom Apostel erforderte Gerechtigkeit ist wesentlich nichts anderes, als die Bethätigung des Strebens nach der Heiligkeit.

Auch dieses Verhalten hat wieder eine **thätige** Seite, die Tugend, und eine **leidende**, die Schuldlosigkeit. Wenn sich die Gerechtigkeit Gott und dem Nächsten gegenüber auch als Gottes- und Nächstenliebe auffassen läßt, so kann sie doch noch weiter im Verhältnis zu Seele und Geist bezw. der geistigen Freiheit der Kinder Gottes betrachtet werden [1]).

Auch nach seiner Gerechtigkeit muß der Christ sorgen, daß Gottes Gabe — die Seele — keinen Schaden nehme (Matth. 16, 26); denn Gott hat ja seinen Sohn gesandt, sie zu erhalten (Luk. 9, 56). Deshalb sind die Gläubigen auch verpflichtet, „alle Über-

---

1) Bed. Ethik III, S. 111 ff.

hebung gegen die Erkenntnis Gottes" zu vernichten und „alle Vernunft gefangen zu nehmen unter dem Gehorsam gegen Christus" (2 Kor. 10, 5). Deshalb ruft der Apostel auch den Kolossern (2, 8) zu: „Habt acht darauf, daß niemand euch beraube durch die Philosophie und lose Verführung, gemäß der Menschenlehre und der Welt Satzungen und nicht gemäß Christo." Daraus kann nur das Verderben kommen (Röm. 2, 19 ff.). Denn dann werden aus Christen Selbstgefällige, die nur den Schein eines gottseligen Wesens haben, wie sie der Apostel 2 Tim. 3, 2 ff. schildert; dann verfallen sie der Ungerechtigkeit und Unseligkeit (2 Thess. 2, 10 ff.); sie werden die neuen Pharisäer, welche erst einen zum Judengenossen machen, dann aber zum „Kind der Hölle" (Matth. 23, 15).

Wie die Gaben des Leibes verschieden sind und doch dem einen Zwecke dienen, so ist es auch mit den Gaben des Geistes, die „in einem jeglichen sollen zum allgemeinen Nutzen dienen" (1 Kor. 12, 7 ff.). Wie einer den anderen ergänzen muß, so muß demgemäß die christliche Freiheit durch diese organische Verschiedenheit bedingt und beschränkt sein. Es sind viele Glieder, aber ein Leib; es sind viele Geistesgaben, aber ein Geist; sie müssen einander in Demut und Beschränkung dienen. Selbstüberhebung führt auch hier zu Menschenkult und Menschenfurcht, die nichts sind als Abgötterei und Gottlosigkeit.

In Wahrheit sollen wir wandeln, fordert der Apostel a. a. O. zuletzt. In diesem Zusammenhange kann Wahrheit nicht die Wirklichkeit bedeuten, sondern die Verwirklichung dessen, was im Grunde das einzig Wirkliche ist: die versuchte Verwirklichung dessen, was Gott uns in Christo dargeboten hat; es ist der irdische Reflex der göttlichen Wahrheit, die Eigenschaft der Gläubigen, die auch als Weisheit bezeichnet und von Jakobus, wie oben gesagt, Kapitel 3, 17 geschildert wird. Auch sie gehört unter die Früchte des Geistes, denn das Christentum verschreibt keine Rezepte, es bietet nicht bloß Wahrheitsstoff, sondern giebt auch die Kraft zur Aneignung desselben. Nur darf auch hier der Christ nicht auf die Welt hören, denn dieser ist ja Gottes Weisheit eine Thorheit. Auch in ihr muß der Christ wachsen „zu aller Geduld und Langmut mit Freudigkeit" (Kol. 1, 11); wie Paulus selbst diese Weisheit in seinem apostolischen Wirken befolgt und geübt hat, erzählt er uns (1 Kor. 9, 20 ff.). Sie ist eine Weisheit weitesten Auges und weitesten Herzens; sie ist gleich weit entfernt von Großthuerei wie Kleinigkeitskram, von Mückenseihen wie Kameele verschlucken. Diese christliche Weisheit wird zu einer neuen Offenbarung des Herrn. Diese Weisheit erlöst von der Finsternis und führt zum Licht; sie führt aus der Lüge zur Wahrhaftigkeit (Kol. 1, 12 f.). Lüge bleibt aber auch die sogenannte Notlüge, die nichts ist als eine gefährliche sittliche Schwäche. Wenn aber die Stelle Matth. 5, 34 ff. so gedeutet wird, als solle durch sie der Eid verboten sein, so beruht dies auf einem Irrtum; der Herr verbietet nur das Schwören und Sich-verheißen des gewöhnlichen Lebens, wie der Wortlaut beweist; die Zulässigkeit, ja Notwendigkeit des Eides wird geradezu bewiesen durch 2 Mos. 22, 11. Hebr. 6, 16 f. u. a. St.

Es braucht kaum darauf hingewiesen zu werden, daß was im Vorhergehenden zuerst in kurzem Überblick, sodann in der Ausführung besonders wichtiger Punkte über die Ziele christlicher Erziehung gesagt und gefordert worden ist, zum erheblichsten Teil in das Bereich der Selbsterziehung fällt. Auch darüber läßt sich ein anderes Maß nicht aufstellen als das biblische: Welchem viel gegeben ist, von dem wird man viel fordern. Aber wer im großen treu ist oder sein will, der muß auch im geringsten treu sein; jedoch alles in dem Herrn. Wenn der Apostel die Forderung des Alten Bundes von der Elternliebe und dem Kindesgehorsam stellt, so fordert er keinen knechtischen Gehorsam, sondern den in dem Herrn (Eph. 6, 1), einen Gehorsam, der seiner höheren christlichen Pflichten wohl eingedenk ist. Das schöne Wort Hebr. 13, 17 ist Salbe auf die Herzenswunden vieler treuen Lehrer. Die Liebe zu den Geschwistern ist ein im Christentum selbstverständliches Gebot. Dem

Alter gebührt besondere Ehrerbietung (3 Mof. 19, 22. 1 Tim. 5, 1); den Dienstleuten Billigkeit und Rechtlichkeit (Kol. 4, 1. Eph. 6, 8 f.) u. a. Wie der Christ Vater und Mutter ehren und lieben soll, so auch Vaterland und Volksgenossen, Vaterstadt, Heimat und Mitbürger, soll er ja doch seine Feinde lieben, und wohlthun denen, die ihn hassen. Wie Gott nach seiner Ordnung Eltern und Staatsregierung einen Teil seiner Gewalt übergeben hat, so jeder Obrigkeit, der jedermann gehorchen muß (Röm. 13, 1 ff.), weil sie Gottes Dienerin ist. In gleicher Weise muß der Christ früh dazu angeleitet werden, eine bestimmte Lebensordnung einzuhalten, denn das ist Gottes Wille; er muß früh lernen, die Zeit auszukaufen und der Trägheit zu widerstehen. Schon früh muß der Christ gelehrt werden, dem Herrn mit Zucht und Furcht zu dienen (Hebr. 12, 28); mit Furcht und Zittern seine Seligkeit zu schaffen (Phil. 2, 12). Nur wer Glauben hält, vollendet seinen Lauf (2 Tim. 4, 7. 1 Kor. 11, 12). Also muß er wachen und beten (Matth. 24, 42; 25, 13. Mark. 13, 33. 35. Luk. 12, 40; 21, 36), damit es ihm nicht ergehe wie den thörichten Jungfrauen und den verzagten Knechten. Gerade der geistige Dämmerungs- und Traumzustand trägt, wie das Evangelium vielfach zeigt, besondere Gefahren auch für einen schon geförderten Christen in sich; darum fordert der Herr auf, mit besonderem Nachdruck dafür zu sorgen, daß das innere Licht des Glaubens immer brenne (Luk. 12, 35). Des Christen Wachsamkeit muß eine wehrhafte sein, gewappnet mit dem Panzer des Glaubens und der Liebe und mit dem Helm der Hoffnung (Eph. 6, 13 ff. 1 Thess. 5, 8. 1 Tim. 1, 12). Wach kann aber nur sein, wer nüchtern und enthaltsam ist, wer Maß hält. Darum sagt der Apostel (1 Kor. 10, 31): „Ihr esset nun, oder trinket, oder was ihr thut, so thut es alles zu Gottes Ehre!" Die Gläubigen müssen sich aber wahren vor denen, die sich als besonders heilige unter den Menschen aufthun, und großthun und neue Satzungen geben; diese haben nur einen Schein der Weisheit in ihrer selbstgewählten Geistlichkeit; auch der

Leib muß geschont, auch dem Fleisch muß sein Recht geschehen nach seiner Notdurft (Kol. 2, 18 ff.).

Zu dieser wehrhaften und weisen Wachsamkeit muß das Gebet kommen, denn es ist wie das Lesen der Schrift ein wesentliches Mittel zur Erreichung und Erhaltung derselben. Unter die Ziele christlicher Erziehung gehört also auch Beten[1]) und Lesen des Wortes Gottes. Wem die Betkraft und -lust ausgeht, der bitte den Geist, daß er ihm helfe (Röm. 8, 26); oder werfe sich an die Brust des Heilandes selbst (Luk. 24, 52). Christentum ist kein weltflüchtiger Quietismus und keine geschäftige Werkheiligkeit, es ist der lebendige Glaube, der sich durch die Liebe bethätigt.

1) Vgl. Monrad, Aus der Welt des Gebetes. Gotha, F. A. Perthes.

3. Methode, Mittel und Kräfte der Erziehung.

Daß Gott durch Offenbarung und besondere Führung sein Volk erzieht, bezeugt die Schrift selbst, denn es heißt 5 Mof. 8, 5: „Erkenne in deinem Herzen, daß, so wie ein Mann seinen Sohn zieht, Jehova, dein Gott dich zieht (vgl. Jef. 1, 2).

Wenn also die Offenbarung Gottes sich in drei Stufen vollzieht: 1) der Elementaroffenbarung in Natur und Gewissen an die Heiden, 2) der besonderen Offenbarung an die Juden, 3) der Vollendung derseben durch den eingeborenen Sohn; so muß auch die menschliche Erziehung, sofern sie überhaupt von Gott ausgeht und zu Gott will, eine dreifach stufenmäßige sein. Äußerlich genommen springt die Dreistufigkeit des Erziehungs- bezw. Schulsystems ins Auge; innerlich betrachtet hat man es ebenfalls mit drei Stufen der Erziehung zu thun, mit der nach dem Naturell, dem Gesetz und dem Geist. Die Schrift giebt ferner auch in großen Zügen die Methode der göttlichen Erziehung an; sie geschieht mit Güte und Strenge (Röm. 11, 22). Die Geschichte des Volkes Gottes, wie sie im Alten Testament vorliegt, zeigt uns die Anwendung jener Methode in großen Zügen wie in ihren Einzelheiten.

Mit Lob, Lohn, Verheißungen, Warnungen, Belehrungen, Zu=

rechtweisungen und Strafen sehen wir den Herrn seinen oft störrischen Zögling in die Zucht nehmen von Abraham bis auf Daniel und seine Brüder. Sarah und die Erzväter erhalten Lohn und Verheißungen, Kain, Hagar, Pharao, Israel in der Wüste bis auf Nebukadnezzar erhalten ihre Strafen. Wie oft hat der Herr seinem übermütigen Volk seine Ohnmacht beweisen müssen (2 Mos. 16. 5 Mos. 8, 3); ja durch die Eselin hat er mahnen lassen (4 Mos. 22, 9 ff.) und Jonas mußte in den Bauch des Wallfisches wandern, um zu Einsicht und Gehorsam gebracht zu werden. Mit unerschöpflich scheinender Langmut und Güte, aber auch mit vernichtenden Strafen hat der Herr sein Erziehungswerk begonnen und herbeigeführt. Die christliche Erziehung hat ihr Werk ebenfalls mit Güte und Strenge anzugreifen; jener entsprechend mit Liebe, dieser mit Furcht und Strafen.

Jene muß angewandt werden, denn des Christen Wesen soll von Liebe erfüllt werden und ohne Erweisung derselben kann es auch keine Wirkung derselben geben. Liebe muß aber auch angewandt werden, damit die Früchte der Liebe gewonnen werden, welche sind Langmut (Luk. 13, 8 ff. Röm. 2, 4), Sanftmut (Eph. 6, 4. Kol. 3, 21), Milde, Geduld, Freudigkeit, Lust zum Guten, Unlust, Widerwille gegen das Schlechte, Genügsamkeit, Gehorsam, Gefälligkeit, Dienstbereitschaft, Stille des Gemüts, Versöhnlichkeit, Dankbarkeit, Treue im großen wie im kleinen, Vertrauen, Fleiß (Spr. 6, 6 ff.; 10, 26; 12, 24; 15, 19. 2 Thess. 3, 8, 10).

Liebe muß aber auch angewandt werden, weil das Gute nicht erzwungen werden kann, sondern gepflanzt, gepflegt, hervorgelockt werden muß. Wie man nicht Feigen von den Disteln lesen kann, so kann man auch nicht vom Gestrüppe der Eigensucht Früchte der Liebe pflücken. So ist auch die Thatsache verständlich, daß Ziele und Mittel der christlichen Erziehung sich entsprechen; dies zeigt die Geschichte der Offenbarung und des Reiches Gottes, wie die biblische Psychologie und Biologie, sowie die Erfahrung. Die

Folgerungen, die der Erzieher für sich daraus zu ziehen hat, liegen nahe genug.

Die Liebe muß ferner angewandt werden, weil nur unter ihrer Herrschaft der Erzieher individualisieren kann. Daß dies aber geschehen muß, und wie es geschehen kann, zeigt uns sowohl der Herr selbst (Matth. 8, 18 ff.; 19, 16 f. Luk. 18, 18 ff.; 10, 25; Matth. 15, 22 ff.; 20, 30 ff.) als auch der Apostel Paulus 1 Kor. 9, 20 ff.; 12, 4 ff., 28 ff. Wohl zu hüten hat sich aber der Erzieher vor der Lauheit und Flickarbeit. Matth. 9, 16 f.

Die Liebe erweist sich aber auch in der Zucht, denn wen der Herr lieb hat, züchtigt er (Hebr. 12, 6 ff. Spr. 3, 12). Und wer seine Rute schonet, der hasset seinen Sohn; wer ihn aber lieb hat, der züchtigt ihn bald (Spr. 13, 24; 15, 32; 19, 18; 22, 5; 23, 13 f.; 29, 17).

Wie Scham, Scheu und Furcht nach dem Sündenfall ins Paradies einzogen, so sind sie nach der Menschen Vertreibung aus demselben ihre ständige Begleiter geblieben und werden sie bleiben; sie sind wichtige und notwendige Bestandteile christlicher Zucht. Nicht aber darf durch Menschenfurcht erzogen werden, denn sie ist die Leiterin zur Gottlosigkeit, sondern durch Gottesfurcht, denn sie ist der Weisheit Anfang (Pf. 111, 10. Spr. 1, 7; 9, 10; 15, 33).

Wie die Zucht nun das Böse abwehren soll, so soll die Liebe, wie gesagt, das Gute hervorlocken. Wie aber das Gute aus der Liebe, diese aber aus dem Geiste des Herrn kommt, so alle Übel aus der Eifersucht, dem Eigenwillen (Röm. 1, 29 ff. Gal. 5, 19 ff. Jak. 4, 1 ff.), dieser aber von dem Fürsten der Hölle — und des Menschen Wille ist ja seine Hölle. Dieser dämonische Wille ist es denn auch, den der Herr und Geist überall bekämpfen; dies lehrt die Geschichte der Offenbarung und des Reiches Gottes an vielen Beispielen und Sätzen (z. B. Jef. 1, 19 f.; 2, 17; 29, 13 f., 16; 30, 1, 9—11, 15 f., 20; 57, 15 f., 17. Dan. 10, 12. Spr. 3, 5, 7; 16, 2, 5, 9; 21, 2; 29, 23. Matth. 11, 16 ff.

Jak. 4, 6, 13—15. Jud. 8 ff.). Wie viele biblische Stellen richten sich gegen Geiz, Habsucht, Bosheit, Gewaltthat, Betrug, Lug, Thorheit, Lästerung, Spott, Unkeuschheit, Zorn, Schwatzhaftigkeit, Faulheit, Ungerechtigkeit, Verleumdung, Neid, Eitelkeit, Leichtsinn und Völlerei. Und dies alles sind die Folgen der Eigensucht, der Sinnlichkeit, die sich des lieben Ichs bemächtigt hat. Ein solcher Mensch ist der Sinnenlust und allen bösen Gedanken und Leidenschaften preisgegeben, wie ein wehrloser Ort dem angreifenden Feinde, deshalb vergleicht Salomo Spr. 25, 28 einen Mann, dem die Selbstbeherrschung fehlt, mit einer offenen Stadt ohne Mauern. Die christliche Zucht soll diese Mauern ziehen und den Menschen wehrhaft machen gegen seine schnöden Angreifer.

Überall aber muß der Erzieher selbst das rechte Beispiel geben. Tit. 2, 7: „Allenthalben aber stelle dich selbst zum Vorbild guter Werke!" Dann werden die Erzieher mit vielem Segen geschmückt (Pf. 84, 7), und werden leuchten wie des Himmels Glanz (Dan. 12, 3). Der Fürbitte durch das Gebet sollte ein christlicher Erzieher am wenigsten vergessen. —

Das Christentum unterscheidet sich von anderen Religionen wesentlich auch dadurch, daß es nicht bloß Ziele steckt und Mittel bezeichnet und giebt, sondern auch in sich K r ä f t e darbietet, diese Mittel zu ergreifen und jene Ziele zu erreichen. Die christliche Erziehung muß dieses außerordentlichen Vorzugs sich bewußt sein und danach handeln. Dies letztere kann freilich nur nach gewissen Stufen und in mannigfachen Modifikationen geschehen, wie weiter unten ausgeführt wird.

Im zweiten Abschnitt ist gezeigt worden, daß die biblische Biologie lehrt, daß und wie christliches Leben, also auch christliche Sittlichkeit nur aus einer Lebensquelle fließen kann, da alles Lebendige von Lebendigem kommen muß; als diese Lebensquelle hat sich der Herr selbst bezeichnet. Nicht minder hat er — wie die Apostel — unablässig darauf hingewiesen, daß die Gläubigen in ihm bleiben, ihm nachfolgen müssen; z. B. Joh. 15, 5 ff. Matth.

10, 37 ff.; 11, 29; 12, 50; 16, 24 ff. 1 Petr. 2, 21. Phil. 2, 5. Röm. 1, 21. „Denn ohne mich könnt ihr nichts thun." Da durch Christus die Wirksamkeit des heiligen Geistes erst entwickelt worden ist, so ist nächst dem Herrn selbst der heilige Geist als die Grundkraft der christlichen Lebensbildung zu bezeichnen; deshalb nennt Beck den heiligen Geist eine „neue, von Christus ausgehende kosmische Potenz", welche in Glaube, Liebe, Hoffnung wirkt gegen die andere kosmische Macht, die Macht des Satans, der Eigensucht und der Lüge. Das wichtigste Organ jener Geisteskraft ist das Wort Gottes, deshalb nennt Beck dieses auch das „organisatorische Medium". Es geschieht ganz aus dieser Anschauung heraus, daß die Schrift mehrfach dem göttlichen Wort geistige Nährungskraft zuschreibt, wie sie denn redet von der „Milch des Evangeliums" (1 Petr. 2, 2; Hebr. 5, 12).

Nach der Schrift ist der ganze Vorgang so zu denken. Gott erteilt zuerst durch die Gnade die Berufung; wird diese vom Menschen angenommen, so erfolgt die Abkehr von dem Sündengeist, die Erneuerung, die Wiedergeburt, welche wie die Sünde auf einem Zeugungsakte beruht. Durch den Akt der Wiedergeburt wird der Geist Christi, der Gottesgeist, als eine neue Lebenskraft in den Menschen gesetzt, welche den Menschen allmählich umgestaltet. Hiervon muß weiter unten noch einmal die Rede sein, wenn von der Erziehung nach der Wiedergeburt gehandelt wird. Es bedarf hier keiner weiteren Darlegung, daß die Erziehung vor der Wiedergeburt, die Wirksamkeit dieser Kräfte nur z. T. genießen kann, z. T. aber vorbereiten muß, wie später zu zeigen ist. Während das göttliche Gesetz dem natürlichen Menschen als eine sittliche Forderung, als ein äußeres Pflichtgesetz gegenübersteht, vollzieht sich im Wiedergeborenen der Prozeß, dessen Ende die möglichste Annäherung an den Punkt ist, in welchem Gottes und des Menschen Wille thatsächlich eins sind. Das göttliche Gesetz wäre dann identisch mit dem Geistesgesetz des Menschen. Diese thatsächliche Identität kann nun freilich in diesem Leben nicht erreicht, sie muß aber, wie gesagt, mit allen Mitteln und Kräften christlicher Erziehung und Selbstzucht erstrebt werden. Zu diesen Kräften ist aber auch das Gebet zu rechnen, wie es schon unter den Zielen und Mitteln erwähnt worden ist.

IV.

Rückblicke und Folgerungen.

1. Vorbemerkungen.

Wenn der erste Abschnitt den Menschen zeigt, wie er aus der Hand Gottes als dessen Ebenbild hervorgegangen, aber durch den Sündenfall in die Bande des Fleisches gefallen ist, so weist der zweite Abschnitt die Lebensbedingungen nach, unter denen ein neues Leben begonnen und fortgeführt werden kann. Der dritte Abschnitt aber zeigt die Ziele, Mittel, Wege und Kräfte, die bei dem Erziehungswerke zu stecken, zu ergreifen und einzuschlagen sind, bezw. wirksam werden müssen.

Zu Beginn des dritten Abschnitts ist auf das Stufenmäßige in der Offenbarung und demgemäß in der Erziehung hingewiesen worden: auf die Erziehung nach dem Naturell, dem Gesetz und dem Geiste. Es kommt der Wahrheit nahe, wenn man sagt: die Erziehung nach dem Naturell fällt in der Regel vorwiegend dem Hause, insbesondere der Mutter, die nach dem Gesetz in der Regel vorwiegend dem Hause, bezw. dem Vater und der Schule, die nach dem Geiste vorwiegend der Selbsterziehung, der Selbstzucht zu.

Der Übergang aus dem ersten in den zweiten Stand ist wesentlich bedingt durch den individuellen Sündenfall, dem kein menschliches Wesen seit dem ersten Sündenfall mehr entrinnen kann. Da dieser aber in der Regel ein innerlicher Vorgang ist, vielleicht nach dem Naturell der einzelnen mehr oder weniger bewußt geschehen kann, so kann in der christlichen Erziehung nur ,geschieden werden zwischen dem Menschen vor und dem nach der Wiedergeburt. Da die Erziehung des letzteren wesentlich der Selbsterziehung angehört, so ist sie hier nur kurz behandelt worden; ausführlicher dagegen die Erziehung des Menschen vor bezw. zur Wiedergeburt.

2. Die Erziehung des natürlichen Menschen zur Wiedergeburt.

Bei dem unwiedergeborenen, dem natürlichen Menschen muß man, wie Schrift und Erfahrung lehren, einen doppelten Zustand unterscheiden: 1) den, in welchem er ohne Bewußtsein von Gesetz und Pflicht lebt; es ist der, von welchem Paulus (Röm. 7, 7 ff.) sagt, daß erst durch das Gesetz die Sünde erkannt wurde, „denn ich wußte nichts von der Lust, wo das Gesetz nicht hätte gesagt: Laß dich nicht gelüsten. Da nahm aber die Sünde Ursach am Gebot und erregte in mir allerlei Lust, denn ohne das Gesetz war die Sünde tot". 2) Den Zustand, in welchem das Bewußtsein von Gesetz und Pflicht lebendig ist, von dem Paulus sagt: „Da aber das Gebot kam, ward die Sünde wieder lebendig". Diese Unterscheidung ist für den Erzieher in hohem Grade wichtig; er muß also sein Augenmerk darauf richten, in welchem von beiden Zuständen sein Zögling sich befindet. So wichtig dies ist, so schwierig ist es. Es lassen sich keine allgemein giltigen Merkmale aufstellen für diese Unterscheidung. Die Erfahrung lehrt, daß bei sonst gleichen Umständen dieser erste Stand verhältnismäßiger Unschuld bei den Mädchen länger Bestand zu haben pflegt als bei Knaben. Sobald Unsicherheit des Wesens, Scheu und Unruhe sich bemerklich machen, oder die Anfänge von Unwahrhaftigkeit hervortreten, hat man die Merkmale des individuellen Sündenfalls vor sich und muß danach sein Verfahren einrichten. Es pflegen zu jenen Symptomen sehr bald Beweise des Ungehorsams zu treten; zuweilen sind dies auch die ersten Zeichen der inneren Wandlung. Wie der Herr selbst über jenen ersten Stand urteilt, geht aus mehreren Stellen im Evangelium hervor. Matth. 18, 2f. verlangt der Herr Kindesgeist. Das entscheidende Merkmal desselben ist die Bescheidenheit und Demut, die aus dem Bewußtsein der Hilflosigkeit und Niedrigkeit fließen. Und Matth. 19, 13f. läßt der Herr die Kinder zu sich kommen, „denn solcher ist das Himmelreich". Und schreibt nicht der Apostel an die Korinther (1 Kor. 14, 20): „Werdet nicht Kinder an dem Verständnis, an Schlechtigkeit aber seid kindlich!" Es ist eine wichtige Aufgabe des Hauses bezw. der Erziehung, die Kinder möglichst lange in diesem ersten Stand zu erhalten. Dies ist nur möglich, wenn sie mit Jesusliebe erfüllt und mit seiner Liebe behandelt werden. Wenn auch die Schule unmittelbar wenig für diese Aufgabe leisten kann, so kann doch auch sie mit Liebe außerordentliches erreichen. Wie viele Jahre haben oft Mädchen und Knaben alle Forderungen des Lehrers und der Schule mit Freuden erfüllt, wenn sie den Lehrer „gern hatten"; sie hatten ihn aber gern, weil sie — mochte auch seine Außenseite rauh sein — des Lehrers Liebe verspürten.

Wenn der Herr selbst uns die Liebe als den Hauptfaktor des Erziehungsgeschäfts bezeichnet hat, so lehrt er uns, wie oben ausgeführt, auch die andere Seite kennen, nämlich die Individualisierung, die durch das Wesen und die Eigenart des zu Erziehenden bestimmt wird. Ich habe das Wort Charakter hierbei vermieden, denn dieser wird in der Regel erst durch Erziehung in Haus, Schule und Leben gebildet. In der Schulzeit handelt es sich zunächst in der Regel um das Naturell und seine Eigenart. Und diese zu erkennen ist eine wichtige Aufgabe des Erziehers, wie der Herr selbst uns zeigt (s. oben). Auch in dem Verhältnis dieser beiden Grundlagen christlicher Erziehungsweise zeigt es sich, daß was aus einer Quelle kommt, also homogen ist, zu einander gehört, bezw. in einander fließt und sich vermengt. Liebe und Individualisierung fließen aus der Quelle des lebendigen Wassers, der göttlichen Wahrheit, die uns der Herr erschlossen hat; sie gehören also auch zu einander, sie stützen und stärken einander, sie vermengen sich mit einander. Man betrachte nur die früher erwähnte apostolische Stelle über das Wesen der Liebe. Da heißt es 1 Kor. 13, 4 ff.: „Die Liebe ist langmütig und geduldig, die Liebe erweist sich gütig, sie ist nicht neidisch, mißgünstig und eifersüchtig, sie ist nicht aufschneiderisch und prahlerisch, sie bläht sich nicht auf, sie beträgt sich nicht unschicklich, sie suchet nicht das Ihre, sie gerät nicht in Zorn und Leidenschaft, sie bringt das Böse nicht in Rechnung; sie freut sich nicht über das Unrecht, sie freut sich aber mit an der Wahrheit; sie trägt alles, sie glaubt alles, sie hofft alles, sie erduldet alles. Die Liebe höret nimmer auf." Der Apostel schildert hier die Liebe im Gegensatz zur Selbstsucht, zur krankhaften Selbstliebe, die bei anderen nichts anerkennen mag und kann; er zeigt, wie die Liebe auf alle Wesen und alle Verhältnisse eingeht, wie sie jedem mehr als gerecht wird, da doch die Selbstsucht niemand gerecht werden kann; sie vertraut und hofft, da doch die Selbstsucht mißtraut und weder glaubt noch hofft; der Selbstsüchtige tritt dem andern gegenüber mit Selbstüberschätzung, mit Hochmut, Prahlerei und Lüge; er kennt den Schwächen des andern gegenüber keine Güte, keine Langmut, keine Geduld; da er sich selbst überschätzt, muß er andere unterschätzen. Er will alles über den Kamm der vermeintlichen Selbstgerechtigkeit scheren, er kann nicht individualisieren. Entgegengesetzt handelt die Liebe, nur auf ihrem Grunde kann die individuelle Behandlung des Erziehers ruhen und gedeihen. Darum hören in einem materialistischen, d. h. auch egoistischen Zeitalter die Klagen der Lehrer, die Anklagen der Eltern, die Bosheiten der Schüler nicht auf, denn Krieg ist ewig zwischen List und Argwohn [1]).

1) In diesem Sinn sagt Schiller: „Krieg ist ewig zwischen List und Argwohn, nur zwischen Glauben und Vertrauen ist Friede".

Die Formen, in welchen die Liebe in Schule und Haus auftritt, können und müssen immer verschieden sein nach der Eigenart des Liebe Erweisenden wie dessen, dem sie erwiesen werden soll. Aber wie sie auch auftritt, sie wird verstanden und empfunden: in rauher Schale, in herbem Tadel, in empfindlicher Strafe. —

Es ist oben behauptet worden, die Erzieher möchten, so viel an ihnen liegt, darauf bedacht sein, daß die Jugend so lange als möglich im ersten Stand verhältnismäßiger Unschuld bleibt. Ist es denn aber nötig, könnte die Gegenfrage erhoben werden, daß der Mensch aus jenem ersten Stande heraustritt? Diese Notwendigkeit ist durch den Sündenfall, bezw. die Erbsünde geboten. Die ganze biblische Psychologie lehrt und die Erfahrung stimmt ihr zu, daß es keinen Menschen giebt, der über ein gewisses Alter nur seinem Naturell entsprechend leben kann, ohne auch für sich den Sündenfall — er mag nun hoch oder niedrig sein — zu thun. Schon daraus folgt, daß es eine Notwendigkeit ist, den Menschen aus dem unbewußten Leben nach dem Naturell erziehlich hinüberzuleiten zum Leben mit Bewußtsein, zum Leben nach Charakter. Und daß die christliche Erziehung die Bildung des christlichen Charakters erstreben muß, bedarf keiner Begründung.

Wenn dieser verhältnismäßige Unschuldsstand aber doch früher oder später ein Ende haben muß, so könnte jemand die Frage aufwerfen: ist es dann nicht besser, jenem Stand möglichst bald ein Ende zu setzen und möglichst früh die Charaktererziehung zu beginnen? Die Schrift lehrt, daß das als unchristliche Willkür zu verwerfen ist. Der Herr rühmt ja gerade jenen Stand und hält ihn den Jüngern als nachahmungswert vor; er segnet die Kindlein und spricht ihnen das Himmelreich zu. Und der Apostel hat das Kind erst abgethan, da er ein Mann ward. Welcher christliche Erzieher wollte auch für jenes Verfahren die Verantwortung tragen? Denn bleibt sein Zögling im Sündenstand stecken, so ist er selbst der Verführer, der Hirte, der seine Herde verdirbt.

Wenn nun im einzelnen auf die Erziehung des unwiedergebore-

nen Menschen eingegangen wird, so wird zunächst noch einmal als
Ziel bezeichnet die Wiedergeburt; da diese aber im wesentlichen
die religiöse Belebung des versündigten Menschen durch das nach
Gottes Gnade in ihn hineingezeugte Christusleben ist, so ist es die
erste und wichtigste Aufgabe des Erziehers, die Person des
Herrn Jesu so früh und nachdrücklich als möglich in die jugendliche Seele hineinzupflanzen. Die Mittel hierzu sind Lehre, die
Darreichung des Wortes Gottes, Erzählung, Anschauung, Gebet
und Beispiel. Die Lehre muß im kindlichen Alter durchaus zurücktreten, sie wird aber auch im späteren Alter ohne Wirkung bleiben, wenn sie sich nicht vom Wortkram fernhält und nicht mit den
übrigen Mitteln in Verbindung bleibt, denn schon hier gilt das
biologische Wort: Leben kommt nur von Leben, omne vivum ex
vivo. Das Wort Gottes muß reichlich und unausgesetzt darge-
reicht und in geeigneten Stellen gedächtnismäßig aufgenommen werden. Die Erzählung muß durchaus dem Alter entsprechend, lebendig und warm sein; die Anschauungsmittel zwar einfach aber nicht
geschmackwidrig haben den Herrn Jesu selbst in den verschiedenen
Lagen seines Lebens und Handelns, sowie die heiligen Stätten und
einzelne Apostel zum Gegenstand; das Gebet sei kurz und schlicht
und möglichst an die Person und den Namen des Erlösers angeknüpft; der Erzieher beweise durch sein Beispiel, wie ihm nichts
über die Liebe zu Ihm geht, wie er sein Handeln nach Ihm ein-
richtet, wie er Ihm in Schule, Haus und Kirche dient. Voraussetzung dabei ist freilich, daß der Erzieher selbst wirklich christlich
gesinnt ist, und daß die Schulverwaltung und Schuleinrichtungen
dieser Gesinnung entgegenkommen.

Zu den weiteren positiven Aufgaben des Erziehers gehört es,
seinem Zögling nur Unterrichtsstoff zuzuführen, der entweder die
Lösung jener wichtigsten Aufgabe unmittelbar fördert, oder ihr doch
nicht hinderlich ist. Hierbei kommt es auch für Erreichung jenes
Zwecks wesentlich darauf an, wie er den Stoff vorbringt und zu-
führt. Nicht bloß Alter und Bildungsstand des Zöglings bestim-

men jenes Wie wesentlich, sondern auch die Erziehungs- und Unterrichtszwecke. Wer einen Zweck verfolgt, muß die dafür dienlichsten Mittel anwenden; wer jemanden zum Guten beleben will, muß klar, warm, lebendig sein Gutes vorbringen; wird er langweilig, oder unklar, kalt u. s. w., so verschließen sich die inneren Organe vor ihm, bezw. wenden sich etwas anderem zu. Er muß seinen Unterricht so einrichten, daß der Schüler seine Freudigkeit behält; dies geschieht nicht bloß durch die eben bezeichnete Methode, sondern dadurch, daß er sorgt, daß der Schüler an seinen Leistungen Freude haben kann, daß er Anerkennung findet, daß er Fortschritte verspürt. Es muß die „Lust" des Zöglings für das Gute gefangen genommen und seine „Unlust" damit überwunden werden. Der stärkste und zielbewußteste Mann ermattet, wenn er längere Zeit seine Arbeit ohne Erfolg bleiben sieht. Die Lust am Fortschreiten, verbunden mit dem klaren Erfassen des Dargebotenen, bewirken wesentlich jene geistige Frische und Energie, deren Gegensatz: der geistige Halbschlaf und Dämmerungszustand auch auf dem sittlich-religiösen Gebiet so oft verhängnisvolle Früchte hervorgebracht hat. Jene früh geweckte geistige Klarheit, Schärfe und Initiative wird, wenn anders die Lösung der Hauptaufgabe gelingt, ein mächtiger Bundesgenosse des Heilsrufs sein: „Wachet!"

Bei diesem ganzen positiven Wirken für und auf das Gute hin darf, wie mehrfach schon gesagt ist, der Erzieher nur nicht glauben, daß er das Gute erzwingen könne. Er muß wie ein tüchtiger Landmann seinen Erziehungsacker ordentlich bestellen und besäen, muß Gott um seinen Segen bitten und in der Folge, so viel an ihm liegt, wachen, daß das Unkraut nicht seine Saat überwuchert. So wenig also der Erzieher das Gute darf erzwingen wollen, so entschieden, planmäßig und nachhaltig muß er dem Schlechten entgegentreten und es zu bezwingen suchen, wie die biblische Pädagogik beides beweist und lehrt.

Zunächst hat der Erzieher, der biologischen Lehre entsprechend, nach seinen Kräften dafür Sorge zu tragen, daß die Umgebung seiner Zöglinge eine solche ist, die seinen Zwecken dienlich ist. Umgebung ist eben das halbe Leben. Wie wenig entscheidend aber hier der Erzieher, zumal der Lehrer einer öffentlichen Lehranstalt, eingreifen kann, ist nur allzu bekannt; wo er es aber irgend kann, möge er Mühe, Zeit und Unannehmlichkeiten nicht scheuen, um wenigstens etwas zur Erfüllung jener überaus wichtigen Forderung zu thun. Im übrigen wird er bei seiner weiteren Erziehungsarbeit das Hauptaugenmerk auf folgende Punkte richten müssen.

Auch der Erzieher muß von der psychologischen Thatsache — vgl. ersten Abschnitt — ausgehen, daß der natürliche Mensch zunächst vom Gefühl der Lust und der Unlust bewegt und geleitet wird [1]). Jene hat ein Begehren, Wollen, Neigung, vielleicht Leidenschaft, diese ein Abkehren, Nichtwollen, Abneigung, Widerwillen, vielleicht Furcht zur Folge. Lust- wie Unlustgefühl werden im natürlichen Menschen so schnell als möglich zur Befriedigung zu gelangen suchen. Ist aber durch irgendeinen Widerstand jene Befriedigung nicht erreicht worden, so stellt sich Unbehagen, Mißmut, Ärger ꝛc., vielleicht Schmerz ein, zunächst in der Regel das Verlangen, bei gegebener Gelegenheit später zu jener Befriedigung zu gelangen. Wie dies Verlangen mehr oder weniger im Zentrum des Menschen, dem Herzen, sich festzusetzen sucht, so bleibt jene Lust- oder Unlustempfindung sehr häufig, wie die Erfahrung lehrt, in der Erinnerung; sie sucht sich in der Vorstellungswelt festzusetzen, im Gedächtnis zu bleiben. Wie weiter die Erfahrung lehrt, hat der Mensch auch die Fähigkeit jene Erinnerungsbilder von Lust und Unlust zu verschieben, mit später hinzugekommenen zu verbinden, zu steigern; diese Fähigkeit ist die Einbildungskraft oder Phantasie. Hierzu kommt sodann noch die Thätigkeit des Verstandes sowie die Wirkung der Anlagen. Von den letzteren sind aber zu unterscheiden die sinnlichen Grundtriebe der Seele: Erhaltungs-, Fortpflanzungs- und Geselligkeitstrieb, die zwar in der Schrift nicht

---

[1]) Vgl. des Verfassers Aufsatz N. Jahrb. a. a. O. S. 168 ff.

ausdrücklich genannt sind, die aber wie die Thätigkeit des Verstandes, der Phantasie, des Gedächtnisses und die Wirkungen der Anlagen vorausgesetzt bezw. ausdrücklich anerkannt sind.

Diesen sinnlichen, psychischen, natürlichen Elementen des inneren Menschen stehen nun diejenigen gegenüber, welche die geistigen, die pneumatischen genannt werden können. Zunächst ist zu nennen das auch nach dem Sündenfall im Menschen gebliebene Gottesbewußtsein, das Bewußtsein einstigen Zusammenlebens mit Gott, das freilich immer mehr zur Ahnung verblaßte, die religiöse Anlage, welche der Darwinianer Dahl als einen der Grundtriebe auffaßt und darstellt [1]), das Gewissen, sowie der Geist, das pneuma, dessen Kraft freilich so gebunden ist, daß nur noch ein mehr oder weniger schwaches Wollen zum Guten vorhanden ist, und das Organ des pneuma, der nūs, die sittliche Denk- und Willenskraft, ich nenne sie in der Folge kurz Vernunft, welche durch das Sündenleben freilich auch getrübt und verwirrt ist.

Wie hat man sich nun im Kinde die Empfindungsvorgänge zu denken?

Das Kind will seine Lust befriedigen, seiner Unlust entgehen [2]). Das müssen nun häufig genug Eltern oder Erzieher zu verhindern suchen, um das Wohl des Kindes zu fördern; es erfolgt irgendein Verbot; neue Reize, oder ältere Erinnerungsbilder erregen wieder die Lust, sie wird trotz des Verbotes befriedigt; merkt dies der Verbietende nicht, so liegt in dieser verbotenen Befriedigung ein neuer Anreiz zu jener Befriedigung. Daraus folgt, daß möglichst wenig und in der Regel nur das verboten werden soll, was beaufsichtigt werden kann. Merkt aber der Verbietende die Übertretung, so ist dreierlei möglich: er unterläßt aus irgendeinem Grunde die Strafe, oder er schwächt sie ab; oder er vollzieht sie. Die Erfahrung

---

1) Dahl, Die Notwendigkeit der Religion, eine letzte Konsequenz der Darwinschen Lehre. Heidelberg 1886.
2) Vgl. m. Auff. N. Jahrb. a. a. O. S. 169.

lehrt, daß im ersten Falle in der Regel die Folge ist, daß der Anreiz vermehrt und das Ansehen der Strafe erheblich vermindert wird; dasselbe tritt in geringerem Grade im zweiten Falle ein; es ist schon deshalb also unzweckmäßig, wenn der Verbietende vorher Art und Maß der Strafe bestimmt angiebt. Der dritte Fall ist der rechte. Denn wenn die Strafe mit derselben Sicherheit dem Vergehen folgt, wie das Verbrennen an dem heißen Ofen oder dem brennenden Licht dem körperlichen Berühren, so wird wie hier, so auch dort das Schmerzgefühl als der Mahnruf des Erhaltungstriebes empfunden. Eine schnell und angemessen vollzogene Strafe führt überdies dem Gewissen neue Bewegungen und Kräfte zu. Kommt dann die strafbare Lust wieder, so erhebt sich in dem Kinde von selbst eine starke Gegenbewegung; siegt jene doch wieder und eine verstärkte Strafe folgt, so wird im folgenden Falle die Gegenbewegung noch kräftiger sein und vielfach die Oberhand behalten; keineswegs aber in der Regel immer, auch wenn sich, wie nach dem abamitischen Sündenfall, Scham und Furcht, sowie Reue einstellen. Verstärkt sich das Gewissen mit diesen und einem frommen Gefühl, welches die betende Mutter dem Kinde eingeflößt hat, so stellen sich neue Reize ein und die alte Lust weiß sich ebenfalls zu verstärken, sei es aus den Grundtrieben, oder den Anlagen, oder der Phantasie, oder durch die Trugschlüsse des Verstandes. Betrachten wir den Sündenvorgang an zwei Beispielen [1]).

Angenommen ein Schüler steht wegen Wirtshausbesuchs vor der Ausweisung. Der Anblick des Wirtsschilds, das Eintreten des „Bierdurstes", das Erinnerungsbild an die „feuchte Kneipe" im Gegensatz gegen die „trockne Bude" oder anderes erregen die Lust. Diese stürmt sofort auf den Willen ein, um sich seiner zu bemächtigen; „halt!" ruft das Gewissen, „halt!" die Furcht vor der Strafe, „halt!" das Denken an die entfernten Eltern, „halt!" die Scheu vor der strafenden Macht. Die Erinnerung an die letzte

---
1) Vgl. m. Aufsatz a. a. O. S. 171 f.

Strafe, die guten Vorsätze tauchen auf. Der Verstand meint, ein anderesmal könne die Lust mit geringerer Gefahr befriedigt werden; die Phantasie aber schmeichelt dem Lustempfindenden die „gemütliche Kneipe" und den schäumenden Gerstensaft vor; die Lust gewinnt wieder einen mächtigen Vorsprung. Vater, Mutter erscheinen, das Gewissen erhebt Einspruch; da ertönt der bekannte Pfiff des „Bummelkameraden"; hinaus geht's; das Gewissen läutet Sturm, aber die Lust hat das liebe Ich so lange umschmeichelt, bis es ihren Reizen in die Arme gesunken ist, die Lust hat empfangen und so gebiert sie die Sünde (Jak. 1, 14 f.). Das liebe Ich, die Selbstsucht, der Eigenwille ist der Vater. —

Ein anderes Beispiel. Ein Jüngling ist durch den Anblick eines schönen Weibes gereizt. Der Kampf zwischen Lust und Sittlichkeit, zwischen Gier und Scham, zwischen Wollust und Keuschheit beginnt. Trägt der Lustempfindende in Gedächtnis und Phantasie Bilder, wie sie schlechte Lektüre und obscöne Bilder zurückzulassen pflegen, so werden Gedächtnis und Phantasie ebenso geschäftige wie schnöde Handlanger der Lust. Und da bei dieser einer der Grundtriebe der Menschen in Betracht kommt, so ist häufig nichts als der Mangel an Gelegenheit oder materiellen Mitteln die Ursache, daß die Lust für dieses Mal nicht zur Befriedigung kommt. Mit jedem neuen Anreiz verstärkt sich diese Lust in fortwährend steigendem Maße. Je häufiger die Befriedigung dieser strafbaren Lust erfolgt ist, desto unwiderstehlicher tritt sie auf; die ganze Persönlichkeit des Lüstlings gerät so vollständig in die Fesseln der Sinnenlust, das Ich identifiziert sich so vollkommen mit der Wollust, daß es die Vereitelung seiner Lustthat als einen Akt der Selbstvernichtung empfindet [1]). Hat die Sinnlichkeit eine solche Macht und Höhe erreicht, so ist mit Menschen Hilfe und Mühe nichts mehr gethan.

Aus diesem allen muß gefolgert werden, daß in dem natürlichen

---

1) Deshalb ist der Prinz in Emilia Galotti von Lessing mit dieser für ihn schwersten Strafe belegt worden.

Menschen, so lange er nicht vollständig in dem Sündenpfuhl untergegangen ist, sich ununterbrochen zwei Strömungen begegnen und bekämpfen: die sinnliche und die sittliche, die der Lust und die des Gewissens, die der Selbstsucht und die der Gottesliebe. Aus diesem inneren Kampf ums Dasein des Guten kommt der Mensch nur heraus, wenn seine Sündenlast alles übrige erdrückt hat, oder wenn es in ihm zur Wiedergeburt kommt. Jenes zu verhindern, diese Möglichkeit offen zu halten ist die wichtigste Aufgabe der christlichen Erziehung in diesem Stadium.

Wie dies zu erstreben ist, wurde schon früher in den wichtigsten Punkten angegeben, es bleibt aber noch gar manches in dieser Richtung zu besprechen übrig. Wenn oben von der entscheidenden Bedeutung der Umgebung die Rede war, so ist nicht bloß von Umgebung im engsten Sinne die Rede; es ist auch die innere, die geistige, die Erinnerungs- und Vorstellungsumgebung gemeint. Wie aus jener die schlechten Elemente zu verbannen sind, so auch aus dieser. Unlautere, unchristliche Bücher und Schriften aller Art, namentlich auch eine ganze Anzahl illustrierter sogenannter Familienblätter sind fernzuhalten, das Lesen der Tagespresse ist durchaus im Alter der Unreife zu verhindern, soweit es irgend angeht; anstößige Bilder sind eine besondere Gefahr für die kindliche und jugendliche Phantasie. Sie vor allem muß also lauter und christlich gebildet sein, soll anders der strafbaren Lust ein wesentlicher Anreiz und Sporn genommen werden. Hiermit verwandt ist die musikalische Bildung des Gemüts, die von der allergrößten Bedeutung auch für die christliche Erziehung ist (vgl. auch Kol. 3, 16). Das Kirchenlied, das geistliche und reine weltliche Volkslied muß gepflegt werden, sodann — wenn Zeit und Gelegenheit ist — unsere klassische Musik und das Bessere unter den Neueren. Zu bekämpfen aber sind nicht bloß die Gassenhauer, diese musikalischen Platt- und Gemeinheiten, die wieder platt und gemein machen, sondern vor allem die neueren Musikstücke, welche durch Sentimentalität, Leidenschaftlichkeit oder gar leichtgeschürzte, prickelnde

Weifen aufregend und finnlich wirken. Ist die Jugend von früh an in dieser Richtung gebildet, so ist der Geschmack ein mächtiger Damm gegen die Wirkungen des Unreinen, Unsittlichen und Verwirrenden. Das Gleiche gilt für die Bildung des Auges durch Anschauen guter Bilder und sonstiger Kunstwerke. Das Anschauen von Karrikaturen, z. B. der oft platten und geschmacklosen Zeichnungen von M. Busch, an dessen Reimereien eine frische Jugend in der Regel keinen Geschmack findet, ist verwerflich. Auch die „Fliegenden Blätter" sind kein passendes Anschauungsmittel der Jugend. Außer Religions-, Gesangs-, Anschauungs- und Zeichenunterricht sind es in der Schule vor allem Deutsch, Geschichte, Naturkunde und Geographie, welche mittelbar und unmittelbar die Jugend zum Ewigen hinführen können. Durch die beiden letzteren wird sie in Gottes wunderbare Schöpfung, in Natur- und Menschenwelt eingeführt. In der Naturkunde muß, sobald es das Alter erlaubt, die morphologische Behandlung hinter der biologischen zurücktreten; die geographischen und ethnographischen Belehrungen sollen mit Takt auch dahin führen, daß der Belehrte, wenn auch nur andeutungsweise, an des Herrn Wort (Joh. 10, 16): „ich habe noch andere Schafe, die sind nicht aus diesem Stalle", kurz an die Pflichten der Mission erinnert wird, die jeder lebendige Christ thatsächlich anerkennen muß. Freilich darf der Religionsunterricht nicht versäumen auch seinerseits darauf hinzuweisen, und — wenn das Alter es gestattet — der Jugend das Gefühl dafür beizubringen, daß sie vor allem selbst das Jesusleben in sich aufnehmen muß. Das Missionieren an sich selbst bleibt in der Regel freilich der Selbsterziehung vorbehalten.

Der geschichtliche und deutsche Unterricht hat vorwiegend nach drei Richtungen die niederziehenden, sinnlichen, selbstischen Züge der Menschenseele zu bekämpfen. Zunächst muß in diesem Unterricht die Begeisterung für alles Gute, Edle und wahrhaft Große insbesondere in mächtigen Persönlichkeiten vergangener Zeiten der Jugend eingeflößt werden. Der Erzieher gewinnt an solchen geschichtlichen Gestalten, wenn sie dem Zögling wirklich lebendig geworden sind, wichtige Mitarbeiter für seine Zwecke, denn auch sie sind Offenbarungen des Allmächtigen und in diesem Sinne auch Mitarbeiter des Herrn. Die Geschichtslehrer, insbesondere an höheren Schulen, müssen sich aber auf das sorgfältigste hüten, vor dem Schüler zu kritisieren und zu polemisieren. Die Kritik ist Sache der Wissenschaft, und insofern der Lehrer wissenschaftlich thätig ist, hat auch er Kritik zu üben; in die Schule gehört die Wissenschaft als solche aber nicht; auch auf der obersten Stufe des geschichtlichen Unterrichts in höheren Schulen darf derselbe seinen elementaren Charakter nicht verlieren. Wichtig ist, wenn es der Geschichtslehrer versteht, an der rechten Stelle und mit dem rechten Takte die Wege Gottes in den Geschicken der Menschen und Völker zu beleuchten.

Sodann haben geschichtlicher und deutscher Unterricht in nationaler Beziehung zu wirken, einmal durch die Kenntnis der Schicksale, der Eigenart, der guten wie üblen Eigenschaften unseres Volkes, zweitens durch die Kenntnis der Sprache und ihre rechte Handhabung. Sollte jemand die Frage erheben, was diese Betrachtung mit der christlichen Erziehung zu thun habe, so müßte er darauf verwiesen werden, daß der Herr Treue fordert gegen Eltern und Vaterhaus wie gegen das Volk, dem Einer angehört. Wie können wir denn Gott lieben, wenn wir unsere Brüder nicht lieben? Wie können wir denn unseren Nächsten lieben wie uns selbst, wenn wir unser Volk nicht lieben? Bei diesem Unterricht ist, wie oben bereits berührt, nun eine doppelte Gefahr zu meiden. Einmal darf die Liebe zum Vaterland und zur Nation nicht auf Kosten anderer Völker genährt werden — überdies wäre dies auch eine Sünde gegen die Wahrhaftigkeit, denn wir sind in Wirklichkeit nicht so vortrefflich, daß eine wahrheitsgemäße Wertschätzung unseres Volks die Geringschätzung der anderen Völker müßte zur Folge haben. Wenn der Lehrer die dunklen Partien unserer Geschichte nicht hell färbt oder übergeht; wenn er die Nachtseiten des deutschen Charakters ohne Herbigkeit aber auch ohne Rückhalt darthut, bleibt er ebenso bei der Wahrheit wie er pädagogisch angemessen handelt. Ganz besonders aber bleibt es seine Aufgabe, den Herzen der Jugend das monarchische Gefühl einzuprägen und zu stärken. Und da braucht er ebenfalls nur die Wahrheit zu sagen. Er braucht ihnen nur den Lebensbaum der Hohenzollern in seiner ganzen Größe, Kraft, Fülle und Schönheit zu zeigen; er braucht ihnen nur den Segen mitzuteilen, den dieses unvergleichliche Herrschergeschlecht unserem Volke gebracht hat.

Die andere Gefahr, welche hier der Lehrer zu vermeiden hat, ist die, daß er das Nationalgefühl nicht einseitig nährt, daß er es nicht aus dem Pflichtenbereich gegen Gott und die ganze Menschheit herausnimmt und über dasselbe setzt. Das würde zu einem sittlichen Partikularismus führen, der notwendig mit einer krankhaften Überspannung des einen und mit dem Absterben des anderen enden würde. Auch hier giebt uns die Biologie eine wichtige Lehre. Indem sie zeigt, daß alle Organe unter einander in einem bestimmten Abhängigkeitsverhältnis nach dem Gesetz der Correlation, der Wechselbeziehung stehen, lehrt sie uns, daß wenn ein Organ diese Beziehung ändert, zunächst das andere, zuletzt auch es selbst leidet; der Hypertrophie des einen entspricht die Atrophie des anderen. Und so verhält es sich auch in dem sittlichen Organismus.

Im deutschen Unterricht sind außer dem inhaltlich Gebotenen die rein sprachlichen Belehrungen, Weisungen und Übungen auch für unseren Zweck von wesentlicher Bedeutung. Mit liebevoller Ehrerbietung lehrt uns die Schrift der Mutter zu begegnen, haben wir nicht Augen, um zu sehen, und Ohren, um zu hören, daß wir unserer Muttersprache mit derselben Ehrerbietung zu begegnen haben? Begegnen wir ihr aber nicht vielfach thatsächlich mit Geringschätzung oder gar Mißachtung? Verunreinigt haben wir sie durch fremde Brocken, geringgeschätzt, ja mißachtet haben wir sie und thun es noch durch eine verwerfliche Vernachlässigung des schriftlichen und mündlichen Ausdrucks. Aber es fängt auch in dieser Beziehung an zu tagen; man beginnt zu reinigen, aber man verfalle nicht in lächerlichen Purismus; hervorragende Schulmänner schreiben und wirken für eine ehrerbietige Behandlung der Muttersprache. Aber auch hierin muß jeder sich selbst ans Herz greifen und bei sich anfangen. Es wird einem Schulmann schwer, hier bei diesem Gegenstand abzubrechen; das meiste hat unausgesprochen bleiben müssen, und wie viel wäre noch vom fremdsprachlichen Unterricht auch in diesen Beziehungen zu sagen.

Bei der oben berührten Pflege und Bildung des musikalischen, sowie des Schönheitssinns überhaupt hat der Erzieher leichte Mühe, wenn er in dem Zögling eine entsprechende Anlage findet. So entschieden und unabläßig er üblen Neigungen, die nicht selten wie üble Anlagen erscheinen, entgegentreten muß, so sorgfältig soll er gute Gaben und Anlagen pflegen und fördern. Eine solche, z. B. musikalische oder überhaupt künstlerische Anlage ist häufig im natürlichen Menschen ein Krystallisationspunkt des Guten, ist ein mächtiges Gegengewicht gegen niedrige Züge seiner Seele. Freilich muß auch hier vor dem Zuviel gewarnt werden; dies ist auch hier vom Übel. Wie die Anlagen sind auch die Grundtriebe des Menschen in der Erziehung zu berücksichtigen. Der Erzieher darf nie einen Trieb, der ihm die Erfolge seiner Arbeit zu bedrohen scheint, unterdrücken wollen; das steht außerhalb seiner Macht und seiner Befugnis; er muß ihn seinen Zwecken dienstbar zu machen, ihn zu bilden suchen. Dies gilt namentlich auch vom Geselligkeitstrieb.

Es bedarf nach dem früher Gesagten wohl kaum noch besonderer Erwähnung, daß der Erzieher nie Ziel und Gelegenheit versäumen darf, um das Gewissen seines Zöglings zu wecken und zu schärfen. Systematisch kann dies z. B. auf den oberen Klassen eines Gymnasiums bei der Lektüre der Memorabilien, der Apologie und der Tragiker, in dem Realgymnasium ganz besonders bei der Lektüre Shakespeares [1]) geschehen.

---

1) **Schwartzkopff**, Shakespeares Dramen auf ewigem Grunde. Bremen 1888.

Zum Schluß mag noch ein Punkt berührt werden. Die biblische Seelenlehre zeigt, daß der Leib des Menschen von dem allmächtigen Schöpfer zur Verklärung bestimmt war. Der Sündenfall hat ihn der Verwesung anheimfallen lassen. Die Wiedergeburt bringt uns die Auferstehung, und diese wird in einem verklärten Leibe geschehen. Darum müssen wir auch diesen bereiten; geschieht dies, so sieht der Erzieher damit auch seine übrigen Zwecke gefördert. In einem gesunden Leib ist ein gesunder Geist; ein gesunder Geist ist geschickter zu jeder Erziehung, heiße sie wie sie wolle; ein gesunder Geist hat Klarheit und Spannkraft, er duldet keine Schlaffheit und Dämmerung in sich. Wer will leugnen, daß ein gesunder Leib mit seiner Spannkraft und Frische die beste Stütze eines gesunden Geistes ist? Sollte der christliche Erzieher einer solchen entraten wollen? [1]

---

[1] Vgl. meine Schrift: Volksgesundheitspflege und Schule. Berlin. C. Habel 1877.

3. Die Erziehung nach der Wiedergeburt.

Die Wiedergeburt erfolgt wesentlich nach der Annahme der Gnade in Christo Jesu durch den heiligen Geist, welchen der Apostel den Geist der **Kraft**, der **Liebe** und der **Zucht** nennt (2 Tim. 1, 7).

Wie alles Leben Bildungstrieb hat, so auch dies neue geistige, göttliche Leben; und wie nach jeder Geburt eine Entwickelung unter Krisen eintritt, so auch nach der Wiedergeburt, deren Vollendung, wie schon bemerkt, erst im Jenseits liegen kann. Wenn nun jenes Leben gedeihen soll, so muß der Wiedergeborene, wie schon früher gesagt, vor allem die Lebensbedingung einhalten, außerhalb deren es nicht gedeihen kann. Die biblische Biologie belehrt ihn dahin, daß diese Lebensbedingung das Bleiben in dem Herrn, die Lebensgemeinschaft mit ihm ist. Wie das natürliche Leben wesentlich durch die Umgebung bestimmt ist, so auch das geistige und religiöse. Der Wiedergeborene bedarf vor allem des Geistes der **Kraft**, um in der meist unter schweren Erschütterungen erfolgenden christlichen Lebensentwickelung die Lebensbedingung derselben aufrecht zu erhalten. Denn wenn auch seit der Wiedergeburt das Fleisch, die Sünde, der Eigenwille nicht mehr herrscht, nicht mehr gehegt und gepflegt wird, so bleibt er doch noch in gefährlicher Kraft, gegen welche eben die Kraft des Geistes in den Kampf geführt werden muß; dieser Kampf wird um so langwieriger und schwerer, je mehr in dem früheren Leben fleischliche Anschauungen, Neigungen, Gewohnheiten u. s. w. sich eingenistet haben und erstarkt sind. In diesem Kampf streitet der Geistes- gegen den Fleischeswillen. Das ist der gute Kampf des Glaubens, den wir kämpfen sollen; dazu aber bedürfen wir der göttlichen Rüstung des Geistes, wie sie der Apostel so herrlich beschreibt (Eph. 6, 13 ff., vgl. 1 Thess. 5, 8. 1 Tim. 1, 12). Mit dem Geiste der Kraft und der Zucht muß der Wiedergeborene die Trägheit des Fleisches, sowie Unlust und Abneigung gegen das Gute bekämpfen; mit Kraft muß er den Druck abschütteln, den die Unruhe und die Übel dieser Welt auf die wiedergeborene Seele immer und immer wieder häufen, mit ihr muß er täglich, ja stündlich den Mehltau wieder abstreifen, mit dem der Sündengeist unabläsfig die zarte Pflanze des christlichen Geistes wieder zu verzehren sucht. Mit dem Geist der Zucht aber muß er sich wahren gegen die Reize der Welt, mit welchen der Sündengeist ihn ebenso unabläsfig in seine Netze zu verstricken sucht. Dieser Geist der Zucht und Kraft ist es, der das Gewissen schärft und die zerrüttete Vernunft (nūs) reinigt, stärkt und klärt. Hier also gilt es auch wachen und beten, männlich, tüchtig und stark sein. Mächtig hinein in diesen Kampf, in diese Entwickelung greift aber auch der Geist der Liebe, der zu Jesu zieht und das schwache christliche Kindlein mit der Milch des Evangeliums nährt; welcher der natürlichen Lust zum Guten die Lust an dem Herrn entgegenstellt, und allmählich jene süße Lust in bittere Unlust wandelt.

Die biblische Biologie lehrt, wie erwähnt, den Wiedergeborenen, daß er in zwei Umgebungen gekommen ist: in die alte sündige des Fleisches und in die neue heiligende des Geistes; jene muß getötet oder allmählich zum Absterben gebracht, diese muß mit Sorgfalt gehegt und gepflegt werden, daß sie wachsen kann nach der Gnade des Allmächtigen. Der Weg zur Hölle wird allmählich verschüttet, der zum Himmel angebahnt. Die biblische Pädagogik lehrt insbesondere, wie dies letztere geschieht. Sie lehrt uns, wie wir hier

Fremdlinge und droben Bürger werden; auf daß des Apostels Wort (Phil. 3, 20) wahr werde: „Unser Wandel ist im Himmel."

So zeigt denn die Geschichte der göttlichen Pädagogik, daß sie im tiefsten Grunde bewegt und bestimmt wird durch das Wirken des Gottesgeistes gegen den Sündengeist, der Gottesliebe gegen die Eigenliebe, des Gotteswillens gegen den Menschenwillen. Der Wiedergeborene aber, der die christliche Selbsterziehung mit Ernst in die Hand nimmt, halte sich immer das Wort vor, welches uns der Hebräerbrief (6, 4 ff.) wie ein Donnerwort zuruft: „Es ist unmöglich, daß die, so einmal erleuchtet sind und geschmeckt haben die himmlischen Gaben, und die teilhaftig geworden sind des heiligen Geistes und geschmeckt haben das gütige Wort Gottes und die Kräfte der zukünftigen Welt, wo sie abfallen und wiederum ihnen selbst den Sohn Gottes kreuzigen und für Spott halten, daß sie sollten wiederum erneuert werden zur Buße". Das wäre eine Sünde wider den Geist, die weder hier noch droben auf Vergebung hoffen darf.